Susanne von Byern

Das Handtaschen Feng Shui

Susanne von Byern

Das Handtaschen Feng Shui

Allegria

Allegria ist ein Verlag der Ullstein Buchverlage GmbH
Herausgeber: Michael Görden

ISBN: 978-3-7934-2242-6

Umschlaggestaltung: geviert München
Umschlagillustration: 2 Motive Mikrostock
© Shutterstock, PhotoNAN
Lektorat: Marita Böhm
Abbildungen: © Martin von Byern
Zeichnungen: © Rebecca Holzapfel
Satz: Keller & Keller GbR
Gesetzt aus Minion
Druck und Bindearbeiten:
OAN Offizin Andersen Nexö, Leipzig
Printed in Germany

Einen Dank an
meine wunderbare
Mutter, die mir mit ihrer
Liebe und Energie
ein großes Geschenk ist.

Inhalt

Teil VI: Feng-Shui-Hilfsmittel 115

Teil VII: Männertaschen 163

Vorwort

Dieses Buch ist aus langjähriger Beobachtung in meiner Feng-Shui-Praxis zustande gekommen und möchte einen Einblick in die Zusammenhänge der Fünf-Elemente-Energien und unserer Umwelt auf eine leichte und unterhaltsame Art schaffen, die aufzeigt, wie stark alles in unserem Leben miteinander verbunden ist.

Ich möchte die Bereitschaft fördern, sich den täglichen Einflüssen, denen wir ausgesetzt sind, bewusst zu werden, und Bezüge zur Umgebungsenergie verdeutlichen. Den Zusammenhang zwischen unbewusstem Handeln, den eigenen Räumlichkeiten und der persönlichen Lebenssituation herzustellen scheint schwierig, doch durch das Handtaschen-Feng-Shui kann leicht Licht in dieses Dunkel gebracht werden.

Handtaschen sind wandelnde Visionspunkte und können als Feng-Shui-Hilfsmittel positive Konditionierungen unterstützen. Intuitiv wird dies von vielen Frauen schon mit mehr oder weniger Erfolg praktiziert. Hier finden Sie die Erklärungen über die Wirkungsweisen und die Kraft der Fünf-Elemente-Energien, um sie bewusst, effektiv und mit Freude im Alltag zu nutzen.

Dieses Buch ist ein leichter und nachhaltiger Einstieg in das Grundverständnis des Feng-Shui auf Basis der Fünf Elemente in Form, Farbe, Material, Ausdruck und Energie.

Teil I
Feng-Shui

Was ist Feng-Shui?

Feng-Shui ist eine jahrtausendealte Beobachtungslehre aus China, die Umwelteinflüsse in Bezug zum Wohlbefinden des Menschen stellt und deren positive Lenkung ermöglicht.

Wörtlich übersetzt heißt Feng-Shui *Wind und Wasser*, was die unsichtbare und ungreifbare Energie um uns herum symbolisiert, die Einfluss auf unsere Leistungsfähigkeit und Lebensfreude hat, aber oft nicht direkt damit in Zusammenhang gebracht wird.

Die natürliche Lenkung von den Elementen Wind und Wasser lässt sich gut am Beispiel einer Oase veranschaulichen: Wird Wasser in Kanälen so gelenkt, dass es nicht sofort verdunstet, sondern den Boden nährt, wachsen Palmen. Werden Pflanzen und Gebäude schützend platziert, damit sie verhindern, dass der Wind die Erde abträgt und dennoch ein sanftes Lüftchen belebend weht, wird ein Paradies geschaffen. Bei zu viel Wind und zu wenig Wasser entsteht eine karge Wüste, bei zu wenig Wind und zu viel Wasser ein modernder Sumpf.

Diese Zusammenhänge in der Natur machen wir uns jetzt für unsere modernen Städte zunutze, in denen zum Beispiel Straßen den Flüssen entsprechen und Hochhäuser Schluchten bilden. Die Wirkung dieser Natureinflüsse und die Energien der Fünf Elemente kann auf unser modernes Leben übertragen werden. Den Einfluss auf unser Wohlbefinden und unsere Leistungsfähigkeit können wir mit Feng-Shui zu unserem Vorteil in Erfolg und Lebensfreude verwandeln.

Das Ziel von Feng-Shui ist, eine optimale Balance zwischen allen Kräften um uns zu schaffen und so ein optimales Umfeld zu ermöglichen, das uns in Auslebung unseres positiven Potenzials unterstützt

Auf der Basis der Fünf Elemente, Feuer, Erde, Metall, Wasser und Holz, denen »alles« zugeordnet ist, schafft man ein klares Bild davon, welche Energie vorherrscht und welche man benötigt, um das gewünschte Ergebnis zu erzielen und zu unterstützen oder die positiven Synergieeffekte zu nutzen. Die Wechselwirkung von Orten, Dingen und Emotionen kann an vertrauten Beispielen leicht nachvollziehbar dargestellt werden.

Feng-Shui ist tiefschichtig und mit einem zwiebelartigen Aufbau zu vergleichen. Doch selbst die obersten Schichten haben eine spürbar positive Wirkung und regen zum Nachdenken an.

Feng-Shui wird auch als »Akupunktur im Raum« bezeichnet, da es nicht auf viele Maßnahmen ankommt, sondern auf die »richtigen«. So ist das Erkennen der Energien und Einflüsse um uns herum ein wesentlicher Bestandteil für erfolgreiche Positionierungen von Firmen, Häusern, Wohnungen, Ruhe- und Arbeitsplätzen. Dies gilt auch für ein erfülltes Privatleben mit viel Lebensfreude, da die Fünf-Elemente-Energien in ihren verschiedenen Ausprägungen überall zu finden sind.

Wie im Kleinen, so im Großen,
wie im Innen, so im Außen.

Buddhistische Weisheit

Die Fünf Elemente in der Natur

Der Entstehungszyklus aus der chinesischen Weltanschauung basiert auf der Beobachtung der Natur und ihrem Ausdruck. Der Wechsel des Sonnenstandes und der Jahreszeiten ist eine Energieform der Fünf Elemente und spiegelt das jeweilige Element mit seiner eigenen Dynamik wider.

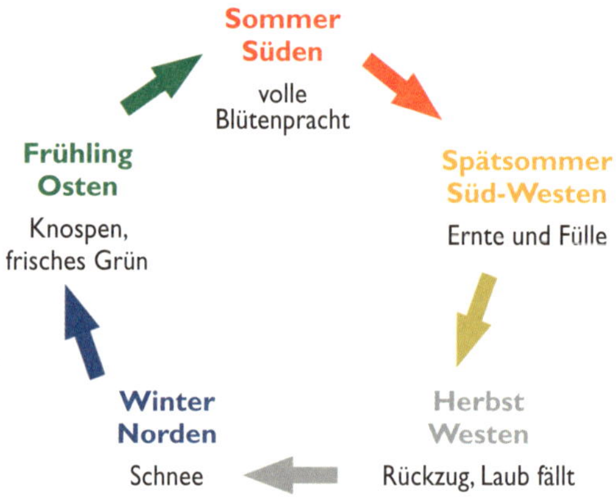

Jahreszeiten und Himmelsrichtungen
im Kreislauf der Elemente

Element Holz

Das Frühjahr ist die Zeit des Wachstums und des frischen Grüns mit der Himmelsrichtung Osten. Alles beginnt aus dem Winterschlaf zu erwachen, und die Welt wird zuerst zaghaft von der Sonne geküsst und belebt, um dann ihr volles Potenzial bereitzustellen.

Element Feuer

Der Sommer ist der Hitze und der Vielzahl an Blüten zugeordnet. Es ist die Zeit des Überschwangs und der Vielfalt, des Farbenrausches und der Pracht mit der Himmelsrichtung Süden.

Element Erde

Der Spätsommer mit der Erntezeit ist die Energie der Erde. Der Boden schenkt die reifen Früchte, und es herrscht Fülle. Die Blüten sind voll ausgeblüht, und eine wohlige Wärme ist der Hitze gewichen, die Himmelsrichtung ist Südwesten.

Element Metall

Der Herbst ist die Zeit des Rückzugs der Natur, die Blätter fallen, und es wird kühler. Samen werden gesetzt, und der Rückschnitt beginnt. Die Kräfte werden zusammengezogen und konzentriert. Der Westen ist die zugehörige Himmelsrichtung.

Element Wasser

Der Winter ist die Zeit der Stille und Bewahrung. Der Keim schläft, bis er im Frühjahr wieder von der Sonne erweckt wird, damit der Kreislauf des Lebens und des Bewahrens von Neuem beginnt. Neue Kräfte entwickeln sich im Verborgenen. Die Himmelsrichtung ist Norden.

Die Zyklen der Elemente

Entstehungszyklus

Die Beziehungen der Elemente untereinander werden in Entstehungs- und Zerstörungszyklen dargestellt. Bei einem harmonischen Gleichgewicht der Elemente entsteht eine Abfolge organischen Werdens und Vergehens.

Holz ist Brennstoff und nährt das **Feuer**.

Das **Feuer** zerfällt zu Asche, und diese wird zu **Erde**.

Aus **Erde** geht **Metall** hervor.

Metall bereichert das **Wasser** mit seinen Mineralien.

Wasser nährt das **Holz**, denn der Baum benötigt Wasser, um leben zu können.

Kontrollzyklus

Der Kreislauf der Zerstörung oder auch der Kontrolle beschreibt die hemmende Wirkung der Elemente aufeinander, die leicht oder auch stärker sein kann.

Das **Feuer**-Element schwächt das **Holz**-Element, Brandrodung, so kann Neues entstehen auf gutem Boden.

Das **Holz** saugt das **Wasser** auf und verhindert so Sumpfbildung.

Das **Wasser** entzieht dem **Metall** Mineralien, eine sanfte Auflösung entsteht.

Metall entzieht der **Erde** Substanz, **Erde** erstickt das **Feuer** oder gibt ihm Halt, grenzt es ein, damit kein Unheil entsteht.

Metall wird unter **Feuer**-Einfluss flüssig und wandelbar, verliert seine Starre.

Wasser löscht das **Feuer** oder lässt Dampf entstehen.

Holz durchzieht mit seinen Wurzeln die **Erde** und lockert sie auf.

Metall beschneidet das **Holz**, gibt ihm Form und verhindert Wildwuchs.

Erde gibt dem **Wasser** ein Becken, sodass es sich sammeln kann.

So kann sanft ein Ausgleich bei einem allzu dominierenden Element geschaffen werden, und es wird eine förderliche Harmonie hergestellt.

Die Fünf Elemente in Farbe, Form, Material und Ausrichtung

Die Fünf Elemente finden ihren Ausdruck auch auf der Ebene der Farbe, der Form und des Materials sowie in einer bestimmten Ausrichtung.

Hier ein Überblick:

Feuer

Das Element Feuer ist die Farbe Rot, Rosa und Violett.

Die Form entspricht dem Dreieck, dem Kegel und der Pyramide.

Kamine mit echtem oder elektrischem Feuer und Licht tragen die Feuer-Energie.

Feuer ist das Element der Wärme, der Kraft und der Aktivität.

Im häuslichen Bereich sind Kerzen oder rote Sitzkissen ein schönes Beispiel für die Unterstützung dieses Elements. Da Rot sehr anregend ist, sollte es in der Raumgestaltung eher als Akzent eingesetzt werden.

Erde

Das Element Erde ist die Farbe Braun, Terra und Gelb.

Die Form entspricht dem Quadrat.

Erde ist das Element der Stabilität. Es stellt eine ausgewogene Kraft dar, die in sich ruht und in die Horizontale ausstrahlt. Sie ist ein starkes Element und verleiht dem Menschen Sicherheit und Standfestigkeit.

Materialien wie Steine, Tongefäße und Fliesen zeigen das Erd-Element.

Metall

Metall ist die Farbe Silber, Gold, Kupfer, Grau und Weiß.

Die Form entspricht dem Kreis und der Kugel.

Metall beschreibt eine verdichtete und zentrierte Qualität. Die Kräfte dieses Elements sind nach innen gerichtet und stehen auch für geistige Sammlung.

Alle glänzenden Gegenstände oder stark polierte Flächen und Gegenstände aus Metall sind mit dieser Energie assoziiert.

Wasser

Die Farbe ist Blau, Türkis und Schwarz.

Die Form ist amorph.

Es ist das Element der Beweglichkeit und der Flexibilität und passt sich jeder Situation und jeder äußeren Form an, ohne sich zu verlieren.

Die verspielte Qualität dieses Elements wird mit unserer Gefühlswelt in Verbindung gebracht. Man denke nur an das Sprichwort »Stille Wasser sind tief«.

Zimmerbrunnen und Vasen aus Glas sowie Aquarien sind eine vorzügliche Möglichkeit, das Wasserelement zu symbolisieren.

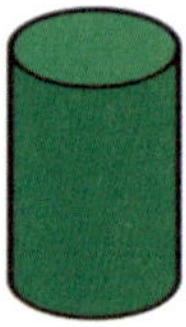

Holz

Das Element Holz ist die Farbe Grün.

Die Form entspricht dem Rechteck und der Säule, das Material ist Holz.

Holz ist die Energie des Wachstums und der Ausdehnung nach oben.

Es findet sich in allen natürlich gewachsenen Dingen wieder, zum Beispiel in Vollholzmöbeln und Zimmerpflanzen.

Kreislauf der Fünf Elemente in Form und Ausrichtung

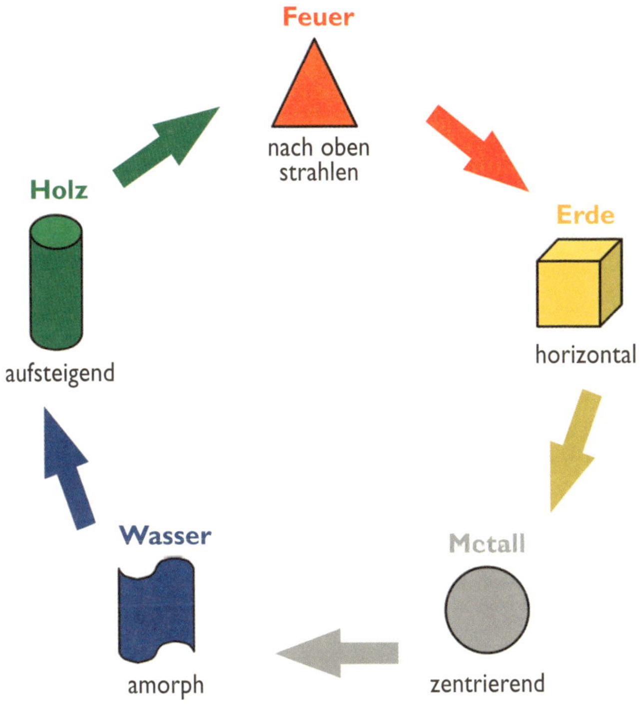

Lebensphasen nach den Fünf Elementen

Die Fünf Elemente finden ihre Entsprechung in den Jahreszeiten wie auch in den Lebensphasen, da jeder Lebensabschnitt eine typische Energieform trägt, die wir in dem natürlichen Kreislauf wiederfinden.

Diese Lebensphasen-Energie ist häufig sehr bestimmend für unser Lebensgefühl und wird verstärkt, wenn der persönliche Elemente-Typ mit der gleichen Lebensphase zusammentrifft.

Lebensphase der Holz-Energie

Holz ist die Kindheit, ständig im Wachsen, jeden Tag wird etwas Neues entdeckt, man ist neugierig und voller Bewegungsdrang, abenteuerlustig und unbekümmert, da man noch keine Erfahrungswerte hat, die einen vor etwas zurückschrecken lassen würden, und sich ein Erfahrungsschatz erst bildet. Alles ist noch unkompliziert, sich etwas zu trauen ist völlig normal. Lebensfreude und Kreativität zeichnen diese Zeit aus. Aktivität und Wachstum sind in dieser Lebensphase besonders ausgeprägt und bleiben in dieser Frequenz unerreicht, da der Mensch von völliger Hilflosigkeit zu seiner Selbstständigkeit wächst.

Lebensphase der Feuer-Energie

Diese Lebensphase entspricht der Zeit der Jugend, der Sturm-und-Drang-Zeit. Alles ist neu und begeisternd, die erste Liebe und neue Erfahrungen. Eigene Entscheidungen, auch wenn sie unkonventionell sind, wollen nun umgesetzt werden. Die Pubertät schlägt voll zu, der Spaßfaktor wird großgeschrieben, und die erste Liebe wird mit allen Höhen und Tiefen ausgelebt.

Es ist die Zeit der großen Gefühle und wilder Ausschweifungen. Alles wird probiert und studiert, ohne an die Konsequenzen zu denken, die man meist auch noch nicht überblicken kann. Zum Ende der Lebensphase in der Feuer-Energie hat man Erfahrungen gesammelt und nimmt bewusster wahr, was einem wirklich Spaß macht und welche Dinge die Lebensfreude erhöhen. Nur möchte man sich noch nicht wirklich festlegen oder Konsequenzen tragen, lieben und erleben schon.

Lebensphase der Erd-Energie – Mitte

In dieser mittleren Lebensphase bekommt das Leben eine neue Qualität: Beständigkeit und Verantwortung, Vertrauen und Harmonie gewinnen an Bedeutung und werden erstrebenswert. Vor zwei Jahrzehnten fand diese Phase früher statt, es hat sich jedoch auch die aktive Lebenszeit verlängert, und so verschob sich auch die Familienplanung nach hinten. Mütter befinden sich in den ersten drei Jahren tendenziell in einer Erdphase.

Lebensphase der Metall-Energie

Frau weiß nun, was sie möchte, sucht Klarheit und Niveau. Die Stellung im Leben ist gefunden und das gewünschte Ziel erreicht oder in Sicht. Frau stellt etwas dar und will ihre Kompetenzen unterstreichen. Auf die eigenen Ansprüche abgestimmte Lebensweisen haben Einzug gehalten und werden genossen. Eine hohe Qualität in Details ist wichtig geworden und durch Erfahrung über die Jahre gewachsen.

Lebensphase der Wasser-Energie

Ein reicher Schatz an Lebenserfahrungen in großer Tiefe und Weisheit zeichnet dieser späte Lebensabschnitt aus. Es ist die Zeit, um gelassen den Lebensabend zu genießen und Rückschau halten zu können. Lieblingsstücke haben einen die Jahre über begleitet und bergen viele schöne Erinnerungen. Stilen und Trends ist man nicht mehr unterworfen, man genießt die Freiheit des Alters und tut, was man möchte.

Teil II
Handtaschenmagie

Geschichte der Handtasche

Jäger und Sammler – schon von Anbeginn an gab es unterschiedliche Typen in der Menschheitsgeschichte. Die Jäger hatten nur das absolut Nötigste bei sich und brauchten volle Bewegungsfreiheit, die Sammler nutzten schon früh Blätter und Baumrinden, um Nahrung zu transportieren und zu horten. So wurden geflochtene Körbe und Lederbeutel zu einem wichtigen Bestandteil des Alltags und des Überlebens.

Dies hat sich im Grunde bis heute nicht geändert, denn auch bei den heutigen Frauen gibt es diese unterschiedlichen Vorlieben, zwischen sportlichen, spontanen Typen, die nicht durch die Tasche behindert werden wollen, und den fürsorglichen Typen, die einen halben Hausstand bei sich tragen, um für alle Situationen gerüstet zu sein.

Aber auch als Statussymbol wurde schon in der Frühzeit damit begonnen, Verzierungen und Ornamente, gemalt oder gestickt, an Taschen anzubringen, die den Stellenwert des Besitzers in der Gesellschaft deutlich machten.

Die »Handtasche« gehört so zu den ältesten Begleitern der Menschheit und passte sich über die Jahrtausende den veränderten Lebensumständen an. In den letzten Jahrhunderten vollzog sich je nach Wirtschaftslage ein Wandel, in guten Zeiten wurde sie stolz als Accessoire gezeigt, in Kriegszeiten hingegen bekam sie stabilere Riemen und wurde aus Sicherheitsgründen vor Blicken sicher unter der Kleidung getragen.

Geschichtlicher Überblick

- *15. Jahrhundert:* Gürteltaschen, hauptsächlich von Männern getragen
- *16. Jahrhundert:* im Rock eingenähte Kleidertaschen, Almosenbeutel, »aumóniéres«
- *17. Jahrhundert:* »Geldkatze«
- *18. Jahrhundert:* Gewandtasche »Pompadour«, Ridikül«
- *19. Jahrhundert:* kleine Handtasche »Tanz-Täschchen«, Kuverttasche
- *20. Jahrhundert:* Schaniertaschen für Tag und Abend für die breite Bevölkerung
- *21. Jahrhundert:* Formen, Größen und Materialvielfalt wie nie zuvor

Je besser die Lebensumstände sind, desto auffälliger und vielfältiger werden die Taschen, so sind sie ein Indikator für Wohlstand und ein Ausdruck von individuellem Lebensstil.

Funktion und Konditionierung

Die Funktion der Handtasche hat sich im Laufe der Zeit etwas verändert, doch der persönliche Bezug zu diesem Begleiter ist geblieben.

Schon als kleines Kind haben wir die erste Begegnung mit der Handtasche durch unsere Mutter. Alles Wichtige für den täglichen Bedarf findet darin Platz, wie durch Zauberhand holt sie ein Taschentuch, etwas zu trinken oder etwas anderes, was sonst gerade gebraucht wird, heraus und schafft so eine frühzeitige positive Konditionierung, die sich das ganze Leben hält. Später wollen wir auch unsere persönlichen Schätze bei uns haben und so haben wir, sobald wir das Haus verlassen, eine Tasche dabei.

Ob aus praktischen Gründen, beim Sport, bei Ausflügen, im Kindergarten, in der Schule, oder zum Spielen und für das persönliche Wohlbefinden, die Übergänge sind fließend. Frühzeitig wird durch den Bedarf an Gegenständen schon einiges über ihre Charakterzüge offenbart:

- Manche Kinder brauchen nichts weiter und stellen sich leicht auf ein verändertes Umfeld ein, improvisieren und begrüßen freudig das Neue.

- Andere Kinder nehmen am liebsten ihre ganzen Spielsachen mit, um in der Ferne ihr gleiches Umfeld wieder zu etablieren, und suchen so Sicherheit.

Hat die Mutter das Wichtigste mitgenommen, sodass kein Mangel entsteht, wird häufig dieses Muster der Fürsorge später auch übernommen.

Fehlt es jedoch daran, entsteht Angst, was später zu Extremen führt: entweder völliges Loslassen, Bindungsunfähigkeit, oder man nimmt zu viel mit, um einen Mangel in der Kindheit zu kompensieren.

So sind unsere Vorlieben für Handtaschen von vielen, meist unbewussten Umständen geprägt. Gehen wir diesen auf den Grund, können wir mit Handtaschen unseren persönlichen Typ positiv unterstützen und harmonisieren.

Die Tasche als öffentliches Statement

Die Handtasche ist zu einem Mittel geworden, mit dem die eigene Weltanschauung gezeigt wird, ob trendig, öko, nachhaltig, politisch, sozial oder hightechmäßig. Je symbolträchtiger der Luxusartikel, desto mehr steigert er die Exklusivität und wird zum it-Bag oder Kult.

Materialien und Marke dienen als Statussymbol, und Prominente nutzen ihre Vorbildfunktion in den Medien und der Werbung, sodass die Verbreitung der Trends sehr schnell geht.

Die Tasche ist ein treuer Begleiter, dabei ist sie von einem Gebrauchsgegenstand zum Sinnbild für Luxus und Status geworden. Sie verkörpert den eigenen individuellen Lebensstil der Trägerin und ist zugleich Ausdruck von Weiblichkeit. Das Äußere demonstriert die persönliche Einstellung zur Umwelt, das Innenleben verrät intimere Details.

Jetzt wird es magisch

Handtaschen haben ihre eigene Magie und sind mehr als nur Transportbeutel. Ihre vielseitige Nutzung ist für uns Frauen oft intuitiv, denn sie können uns so viel mehr geben, als es auf den ersten Blick den Anschein hat.

- Sie geben uns Halt, weil wir uns an ihnen festhalten können.
- Sie geben uns Schutz, weil wir sie zwischen uns und andere stellen können.
- Sie geben uns das Gefühl der Sicherheit, weil uns ihr Inhalt in vielen Situationen unterstützen kann.
- Sie geben uns Geborgenheit, da wir unsere liebsten Dinge so unsichtbar für Fremde bei uns tragen.
- Sie geben uns die Möglichkeit, mit ihnen zu spielen und Zeit zu gewinnen.
- Sie geben uns die Chance, die Aufmerksamkeit auf uns zu lenken oder von uns auf die Tasche umzulenken.
- Sie geben uns als Statussymbol Kraft und Selbstsicherheit.
- Sie sind unsere geheime Quelle der Macht.
- Sie sind stets ein treuer Begleiter, der nichts von uns fordert und immer für uns da ist.
- Sie ermöglichen uns, unsere gesammelten Dinge nach Hause zu tragen.
- Sie zeigen unsere aktuelle seelische Verfassung und Ausrichtung im Leben.

Handtaschen sind variantenreich in Form, Material, Farbe und Ausdruck und somit für alle Lebenslagen verfügbar, um uns zu unterstützen. Es gibt keinen Gegenstand, der uns mit mehr Emotion und Vielseitigkeit im Leben begleitet. Es ist die unumstrittene Domäne der Frauen, die Männer nicht verstehen können und müssen. Handtaschen zeigen uns die Fülle unseres Lebens auf eine ganz besondere Art. Wenn wir es zulassen und genauer hinschauen, sehen wir, wo wir im Augenblick stehen.

Wir können aus einer schier unerschöpflichen Menge an Modellen von teuer bis günstig, von groß bis klein, von praktisch bis unpraktisch wählen, so lange, bis unser Stauraum erschöpft ist. Sie haben also die Wahl:

- Ist Ihre Handtasche Ihrer Lebenssituation entsprechend oder Ihrer gewünschten Vision vom Leben näher?

- Spiegelt das Innenleben ihrer Tasche Ordnung, Spontaneität, Chaos oder Langeweile?

Finden Sie heraus, welche Tasche wirklich zu Ihnen passt und welches Lebensgefühl sie unterstützen sollte. Lassen Sie die Handtaschenmagie wirken.

Teil III
Mikrokosmos Handtasche

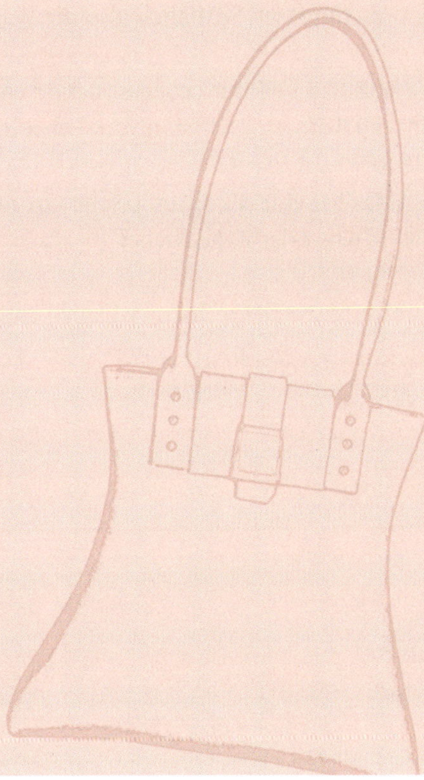

Im Feng-Shui gehen wir vom Makrobereich in den Mikrobereich. Beim Handtaschen-Feng-Shui ist der gegensätzliche Weg möglich.

Die Handtasche ist der Mikrokosmos einer Frau und spiegelt ein zeitnahes Bild ihrer jetzigen Lebenseinstellung und Lebenssituation. Sie ist Mittler zwischen unserer Kleidung, der zweiten Haut, und unserer Wohnung, diese bildet unsere dritte Haut.

Die grundsätzlichen Prinzipien und Angewohnheiten spiegeln sich in der Wahl und Pflege der Handtasche.

Test 1: Mikrokosmos

- Wie viel Aufmerksamkeit schenke ich ihr?
- Wie gut gehe ich mit ihr um?
- Wie gut ist sie gepflegt?
- Wie viel ist sie mir wert?
- Wie oft nutze ich sie?
- Wie gut ist sie sortiert?

1	2	3	4	5

Beantworten Sie die Fragen auf der Scala von 1 bis 5:

1 schlecht/wenig
2 mäßig/ausreichend
3 okay/durchschnittlich
4 gut/viel
5 sehr gut/sehr viel

Auflösung:

20–30 Punkte: Sie erkennen Ihr Potential und nutzen es
15–20 Punkte: Sie haben noch ungenutze Möglichkeiten, kommen aber gut klar
unter 15 Punkte: Ihre Chancen warten auf Sie

Kreislauf der Elemente für Handtaschen

Handtaschen nach der Grundenergie der Fünf Elemente

Element Feuer

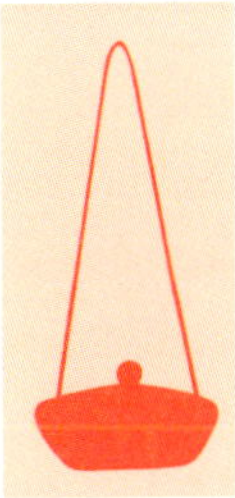

Eine Handtasche der Feuer-Energie ist die »Miss Extravaganza« unter den Handtaschen. Sie fühlt sich als etwas ganz Besonderes, und das ist sie auch. Sie setzt sich über Funktionalität und Haltbarkeit mit einer starken Präsenz hinweg. Luxuriös und teuer ist sie, dabei ist dies erstaunlicherweise nicht von ihrer

Größe abhängig, es ist eher so, dass sie, je kleiner und exklusiver sie ist, die stärkste Wirkung entwickelt.

Sie sind sehr trendgerecht, wenn sie nicht gar Trends in der Mode erschaffen. Sie sind neu und haben den Premierenfaktor mit ihrer Auffälligkeit im Blitzlichtgewitter auf dem roten Teppich. Diese Tasche macht es möglich, dass ihre Trägerin ein gestärktes Selbstbewusstsein hat und eine größere Sicherheit ausstrahlt. Sie hat das Besondere, und diese Energie geht auf die Trägerin über. Sie fühlt sich genauso luxuriös und wertvoll wie ihr Handtäschchen.

Sie können von edel, kostbar bis auffällig schrill sein und werden immer eine starke Außenwirkung erzielen. Einzig ihre Zeit im Glanz ist sehr beschränkt, da sie bald durch ein neues, schillerndes Exemplar ersetzt werden und aufgrund ihrer Auffälligkeit nicht wirklich alltagskompatibel sind. Die meisten Handtaschen der Feuer-Energie sind Strohfeuer, die hell leuchten, und nur wenige schaffen es zu einem Dauerbrenner, aber ein Lauffeuer lösen sie meistens aus.

Element Erde

Eine Handtasche der Erd-Energie möchte für alle Eventualitäten gerüstet sein und möglichst viel in sich aufnehmen können, ohne dabei wie Reisegepäck zu wirken. Sie kommt eher in gedeckten Farben daher und möchte es allen recht machen. Viel Traditionelles und Klassisches haftet ihr an, eben Bewährtes, es muss Verlass auf sie sein.

Sie möchte nicht im Vordergrund stehen und wird gern unauffällig abwartend geparkt. Wird sie jedoch benötigt, zeigt sie, was in ihr steckt, und gibt ihr Bestes, womit sie häufig viele in unerwartetes Staunen versetzt.

Ihre Besitzerin füllt ihren leistungsfähigen Begleiter mit viel sorgsamer Planung und bedenkt dabei mögliche und fast unmögliche Situationen, sodass die Erd-Element-Tasche gut gestärkt mit der ihr typischen Geduld auf ihren Einsatz wartet.

Sie ist dankbar und freundlich, verlangt nicht viel Pflege, verzeiht auch einen ruppigeren Umgang und hält durch bzw. unglaublich viel aus. Sie ist glücklich, wenn sie rettend ihren Inhalt zur Freude und Überraschung anderer zur Verfügung stellen kann, und strahlt dann große Zufriedenheit aus. Sie bietet die Möglichkeit, Harmonie schnell wiederherzustellen.

Die eine oder andere unliebsame Situation übersteht sie fast unbeschadet, und selbst wenn sie ihre stramme Form verliert, wird sie nicht ersetzt, denn man weiß, was man an ihr hat. Patina macht sie schöner.

Sie wird nicht zu großen Auftritten mitgenommen, da fühlt sie sich ohnehin nicht wohl, und kommt lieber in die Ecke, aber Schmollen ist ihr fremd. Am schönsten ist sie in allen Erdfarben und harmonischen Animalprints.

Sie bietet Vertrauen und Fülle – und das mit Herz, was ihre Besitzerin schätzt.

Eine Handtasche der Metall-Energie ist die Lady unter den Handtaschen, die meist auf den zweiten Blick ihre Besonderheit zeigt. Sie überzeugt durch beste Verarbeitung und Material. Es ist nichts an ihr, was nicht unbedingt notwendig wäre, außer Stil, für Schnickschnack hat sie keinen Sinn.

Das Wesentliche in bester Funktion ist ihr Motto. Für die nötigsten Dinge wie Geld, Handy, Lipgloss und Schlüssel hat sie die perfekt geplanten Fächer, und innovative Verschlüsse machen sie sicher. Sie hat Struktur, sodass ihr Inhalt nicht bunt durcheinandergeraten kann, und bietet blinden Zugriff auf ihren Inhalt.

Sie möchte ihre Besitzerin nicht behindern und möglichst leicht, dezent und doch elegant sein. Jahrzehnte zu überdauern und dabei immer noch eine gute Figur abgeben, zeitlos schön sein, das ist ihr Credo.

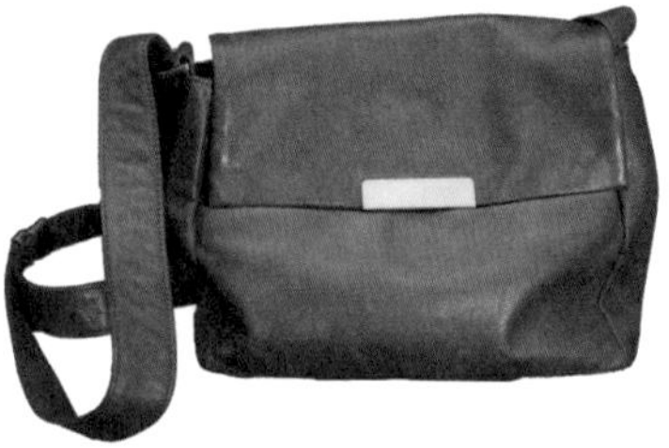

Ein edler Klassiker, der auch richtig teuer sein darf, da er seinen Wert behält.

Moderne Trends in schrillen Farben gehen an ihr spurlos vorbei, da es für sie nur die Erscheinungsform in Schwarz, Grau oder Weiß-Creme bis Beige und Gold sowie Metallic in edler Form gibt.

Element Wasser

Eine Handtasche mit der Wasser-Energie nimmt gern alles in ihre Tiefen auf und gibt selten wieder etwas zum richtigen Zeitpunkt heraus. Dinge leicht wiederzufinden oder schnell griffbereit zu haben ist nicht ihre Sache. Sie überrascht immer wieder damit, dass aus ihren Tiefen etwas schon lang Verschollenes wiedergefunden wird, wodurch sie ihrer Besitzerin Freude bringt.

Sie ist eher unstrukturiert, aber liebenswert und immer etwas Besonderes. Meist hat ihre Besitzerin ganz persönlich zu ihrer Erscheinung etwas beigetragen, oder sie ist ein künstlerisches Einzelstück, das sich darin sonnt, keinem Vergleich ausgesetzt zu sein.

Es gibt von ihr verschiedene Varianten, die sich keine Konkurrenz machen. Ihre Besitzerin wird sie und ihre Kollegen niemals hergeben und sie, selbst wenn ihre besten Zeiten vorbei sind, noch innig lieben. Doch ein Zuwachs von ähnlichen Modellen der Wasser-Element-Energie wird es stetig geben. Unter der Flut von Sammlungen wird die Begeisterung über jedes wiedergefundene Stück die Besitzerin immer wieder erfreuen.

Finden kann man sie überall, da kennt sie keine Hemmungen, und auch sonst trägt sie zu Gesprächen bei und ist sehr kommunikativ. Nicht selten prangen Worte, Sprüche und Parolen gut sichtbar auf ihr, oder die Muster sprechen für sich. Paisley, Farbverläufe, Fransen, Fantasiedesign, Mustermix und Ethnostyle sind beliebt.

Typisch sind Hobobags.

Element Holz

Eine Handtasche mit der Holz-Energie ist das Multitalent unter den Taschen. Sie schenkt Freiheit und ist völlig losgelöst von irgendwelchen modischen Diktaten. Sie erlaubt ihrer Besitzerin, für alle Hobbys und Aktivitäten des Tages gerüstet zu sein. Von den Unterlagen für den Job, den Sportsachen, dem kleinen Schwarzen bis zur Zahnbürste ist sie demgegenüber, was da kommen mag, offen eingestellt.

Ihre Multifunktionalität wird durch ein robustes und leichtes Material unterstützt, das so ihre Größe kompensiert.

Sie ist eine Weltenbummlerin und kommt in allen Regionen unserer Erde herum, dafür sind sie und ihre sportliche Besitzerin aufeinander eingespielt, und ihre vielen Taschen und Fächer lassen sich sinnvoll bestücken.

Die spontanen Unternehmungen machen der Holz-Element-Tasche großen Spaß, jedoch ist durch die starke bis extreme Beanspruchung der gemeinsame Weg oft kürzer als bei anderen Elementen. Diese Zeit ist erfüllend, und so wird einem neuen innovativen und multifunktionalen Kollegen aus der neuen Generation sehr gern Platz gemacht. Das Motto ist schließlich Wachstum und Fortschritt, immer schön in Bewegung bleiben und das möglichst auch in der Natur.

Sportliche Streifen und maritime Muster sowie frische Naturdesigns sind bei einer Tasche mit Holz-Energie zu finden, dennoch ist sie eher schlicht und sportlich-elegant.

Meine Wunschtasche

Schreiben Sie spontan auf, welche Tasche Sie am liebsten hätten und welcher Typ Ihnen gefällt, auch wenn Sie sie sich im Geschäft nicht kaufen würden.

- Welche Form?
- Welche Farbe?
- Welches Label?
- Welcher Preis?
- Welcher Style?
- Welches Material?
- Welche Besonderheit?
- Welche Größe?

Malen Sie eine Skizze oder kleben Sie ein Bild aus einer Zeitschrift ein.

Merkmale der Handtaschen nach der Energie der Fünf Elemente

Elemente-Energie Feuer

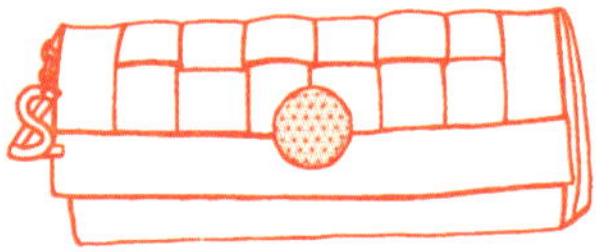

Die Form und Größe ist variabel, jedoch die starke Außenpräsenz ein klares Zeichen für die Feuer-Energie. Ungewöhnlich und auffällig, oft auch sehr teuer. Exklusivität wird großgeschrieben, so sind riesige XXL-Luxus-Shopper bis hin zur extravaganten Edel-Clutch besonders häufig.

Elemente-Energie Erde

Diese Handtasche steht von allein und ganz stabil. Sie hat gedeckte, natürliche Farben und viel Stauraum. Sie passt sich vielen Situationen an und ist ein treuer Begleiter. Sie ist die klassische Handtasche, die auch gern mal etwas größer sein kann, bis hin zum Shopper und Shoulder-Bag.

Elemente-Energie Metall

Klare Linien und gute Struktur zeichnen die Metall-Energie aus. Schlicht, puristisch bis zeitlos elegant. Die Metall-Energie ist eher komprimiert, und daher sind die

Ausmaße mittel bis klein. Am Tag ist ein Kellybag immer passend, für den Abend ist es dann eine ganz dezente, zeitlose Kuverthandtasche oder Satin-Clutch.

Elemente-Energie Wasser

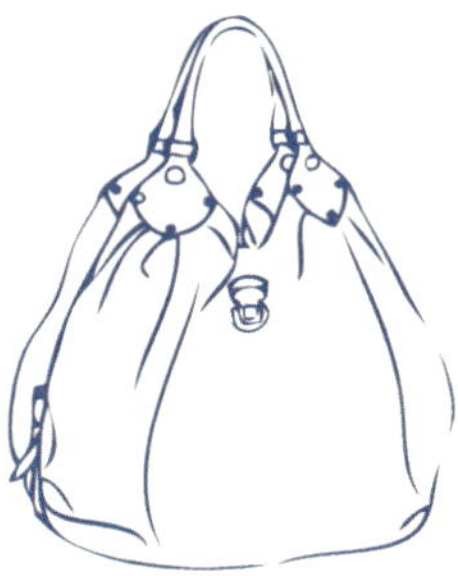

Die sammelnde, fließende Energie des Wassers findet man in Zurrbeuteln, Hobo-Bags und Urban-Shoppern.

Viel Platz für alles und keine wirkliche Form oder Einschränkung. Farben und Muster sind völlig frei und auch gern gemixt.

Elemente-Energie Holz

Großräumig und leicht mit multifunktionalen Fächern ist die dynamische Holz-Energie in Rucksäcken und Sporttaschen sowie Bowling-Bags, Weekendern und Canvas-Shoppern zu finden. Handtaschen sind schlicht und eher rechteckig als schlanke Umhängetasche oder kleiner Weekender ausgeprägt, eine Sporttasche oder ein leichter Rucksack liegen ebenfalls in dieser unternehmungslustigen Energie.

Anlässe und Designer für Taschen

Feuer

Jetset: Diese Feuer-Element-Tasche zeigt was her, Label und Extravaganz sind ein Must-have, wenn man im Rampenlicht steht, und jeweils brandneu.

Gala: Feuer – klein, aber fein, der Begleiter für gewisse Stunden, ein Schmuckstück für Trägerin und Kleidung.

Designer wie Versace, Roberto Cavalli und Dolce & Gabana unterstützen diese starke Außenpräsenz mit ihren auffälligen Kreationen.

Erde

Familie: Eine alles fassende Erd-Element-Tasche mit Reserve für Unplanmäßiges, robust und doch liebenswert.

Alltag: Gut sortiert und sicher, unproblematisch und dezent, so passt sie sich gut den verschiedenen Anforderungen an und bleibt dabei liebenswert und gesellig.

Marken wie Chloé und Chanel sowie gut kombinierbare Mode mit einer großen Auswahl von Basics zeichnen die unterstützenden Designer für weibliche Wohlfühlmode aus.

Metall

Beruf: Ganz klar die Zeit für eine Metall-Element-Tasche, sonst wird man nicht ernst genommen, stärkt die Kompetenz.

City: Dezent und aufgeräumt, so kann man sich leicht entscheiden, Metall.

Designer wie Prada, Jil Sander und Hermès bieten ein Design, das dieses Element in Qualität, schlicht und zeitlos unterstützt.

Wasser

Freizeit: Eine Wasser-Element–Tasche macht alles mit, was gefällt, Lebensgefühl wie das Wasser, fließend.

Entspannung/Kunst: Keine Regeln, keine Grenzen.

Designer wie Vivian Westwood, Alexander McQueen, Missoni und Patricia Field setzen diesen Stilmix und das Unkonventionelle gern in ihren Designs um.

Holz

Aktivitäten/Sport: Die multifunktionale Holz-Element-Tasche ist groß, strapazierfähig und aktuell.

Hobby: Natürliche Materialien oder Hightech, aber schlicht und handfest.

Designer wie Ralph Lauren, Esprit, Burberry und Gucci sowie alle Outdoorlabels bieten sportives Design, das sehr gut zu diesem Lifestyle passt.

Handtaschen-Typologie nach den Fünf Elementen

In welcher Handtaschen-Elemente-Phase sind Sie zurzeit?

Lebensphase und Persönlichkeit werden durch die richtige Handtasche unterstützt und drücken sich auch durch sie aus.

Test: Welcher Handtaschentyp sind Sie?

1. Welche Handtasche benutzen Sie im Alltag überwiegend?

a) immer dem Trend entsprechend
b) Shopper
c) keine, eine Aktentasche
d) die gerade greifbar ist
e) Sporttasche, Rucksack

2. Welchen Handtaschentyp besitzen Sie am häufigsten?

a) auffällige Handtaschen, die nicht unbedingt praktisch sein müssen
b) zweckmäßige Handtaschen mittlerer Größe
c) kleine Handtaschen mit guter Einteilung für das Wesentliche
d) beutelartige, große Handtaschen, in die viel hineinpasst
e) leichte, sportliche Taschen

3. Wie viele Handtaschen haben Sie?

a) sicher mehr als 10 Handtaschen
b) 5 bis 10 Handtaschen
c) keine bis 2 Handtaschen
d) weiß nicht
e) 2 bis 5 Taschen incl. Sporttasche

4. Was entspricht am ehesten Ihrer Handtasche?

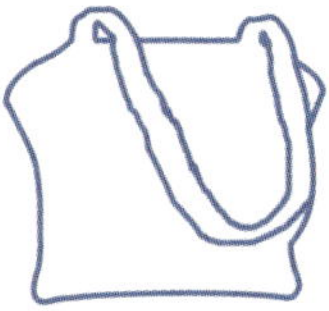

a) ausgefallen, hip
b) praktisch, seriös, unauffällig
c) ordentlich, elegant, strukturiert
d) salopp, witzig, bunt
e) modern, schlicht

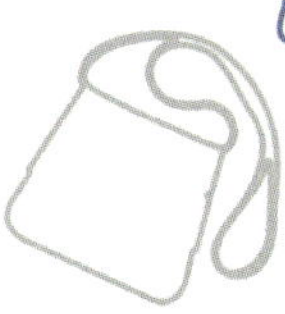

Auflösung:

☐ *a) Feuer*

☐ *b) Erde*

☐ *c) Metall*

☐ *d) Wasser*

☐ *e) Holz*

Das Element, das Sie am häufigsten gewählt haben, trägt Ihre aktuelle Haupt-Energie.

Aus der Mischung von bis zu 3 Elementen zeigt sich schon ein deutliches Bild Ihres Handtaschen-Typs.

Beschreibung des überwiegenden Elemente-Typs

Taschentyp Feuer

Der Feuer-Typ liebt die neuesten Modelle frisch von den Pariser Prêt-à-Porter-Schauen. Er begeistert sich für die Dinge, die anders sind und auffallen. Es sollte das bisschen mehr sein, entweder in Material oder Form, sei es, dass sie so stark funkelt und glänzt oder dass das sündhaft teure Label unübersehbar groß auf ihr prangt.

Der Feuer-Energie-Typ trägt seine Handtaschen wie Schmuck, wertet damit ein Kleid auf und setzt sich so perfekt in Szene. Luxus wird mit Leichtigkeit, wie selbstverständlich zur Schau getragen und bewundert. Die Freude, die jeder Kauf eines neuen Glanzstücks bringt, rechtfertigt jede Shoppingtour, auch wenn die Begeisterung nur bis zum nächsten Topstück anhält und dann dafür entfacht. Abwechslung ist erwünscht, und man ist es seinem Image schuldig, nie langweilig zu werden. Taschen sind kurzfristig ein sicherer Garant für ein tolles Lebensgefühl, wenn man sie vom Shop nach Hause trägt und später ausführt.

Eine richtige Feuer-Typ-Frau setzt ihre Tasche intuitiv als Hilfsmittel zur Stärkung ihrer Außenpräsenz ein und ist damit sehr erfolgreich. Sie schafft Trends in der Mode, da viele Frauen auch etwas von ihrem Schein haben möchten, und so wird die Nachfrage einer bestimmten Handtasche groß, so groß, dass auch günstigere, dem Original ähnliche Handtaschen auf dem Markt erscheinen und ihre begeisterten Abnehmerinnen finden. Eine prominente Feuer-Typ-Frau kann entscheidend mit ihrer

Wahl eines Modells zu dem Aufstieg eines unbekannten Labels beitragen, da sie durch mediale Präsenz den Bekanntheitsgrad erhöht.

Verlust der Tasche

Wird ein Feuer-Element-Typ seiner Tasche verlustig, kann es bis zum hysterischen Anfall gehen, jedenfalls wird die Umgebung davon sofort nachhaltig in Kenntnis gesetzt und eine Armada von hilfsbereiten Menschen, besonders Männer, wird sich sofort um die Wiederbeschaffung bemühen und tröstend der Drama Queen ein Glas Champagner anbieten. Da die Tasche sehr auffällig ist, wird die Zuordnung zur Person sehr erleichtert, und so findet sich das tolle Stück auch bald wieder ein.

Der tatsächliche Verlust hätte sich allerdings in den meisten Fällen in Grenzen gehalten, denn der eine Lippenstift ist leicht zu ersetzen, und zum Tost wäre ein neues Exemplar sehr gut in der Lage, sofort wieder Begeisterung zu wecken, denn ein Kind von Traurigkeit ist die lebensfrohe Feuer-Typ-Frau nicht.

Taschentyp Erde

Eine Frau mit Taschen-Element-Typ Erde trägt immer eine relativ große Tasche mit sich herum, in der man so ziemlich alles findet, was von ihr oder anderen gebraucht werden könnte.

Wenn Sie sich einen Nagel abbrechen, können Sie sicher sein, dass sie Ihnen eine Nagelfeile anbietet oder gar ein Nagelpflaster dabeihat. Ebenso würde bei leichtem Kratzen im Hals ein Hustenbonbon oder gar eine Kopfschmerztablette im Angebot erscheinen, was nicht bedeutet, dass man nicht auch für optische Notsituationen etwas parat hätte, in Reisegröße ist eine Auswahl der wichtigsten Dinge mit dabei. Es ist super, so einen Menschen im Freundeskreis zu haben, da er meist gerne alle mitversorgt und sich freut, wenn es endlich mal eine passende Situation gibt, in der das seit einem Jahr mitgeschleppte Sprühpflaster seinen Einsatz bekommt.

Ein »Wie super du ausgerüstet bist, was für ein Glück, dass du das dabeihattest!« führt zu großer innerer Wärme, kann aber auch ein Aufstocken des Tascheninventars zur Folge haben, denn man weiß ja nie.

Besonders beliebt sind Taschen, zu denen es passende Schminktäschchen, Geldbörsen, iPad-Hüllen und Laptoptaschen in einer schönen Farbauswahl gibt.

Verlust der Tasche

Eigentlich kommt eine Erd-Energie-Handtasche nicht weg, einerseits ist sie zu groß, um vergessen zu werden, und kein typisches Objekt, das einen zu entwenden reizen könnte, da bei kurzer Beobachtung schon bemerkt wurde, dass eine große Kekstüte viel Raum einnimmt, der zu erwartende materielle Wert des Inhaltes jedoch eher gering ist.

Für die Besitzerin ist sie jedoch ein echtes Kleinod, da der Inhalt über Jahre hinweg optimiert wurde.

Ein Erd-Element-Typ wird kaum seine Tasche vergessen, er neigt eher dazu, liegen gelassene Dinge seinen Besitzern nachzutragen und fürsorglich einen letzten Blick beim Verlassen schweifen zu lassen.

Taschentyp Metall

Es gibt auch Frauen, die eigentlich keine Taschen benutzen, da sie das wenige, das sie brauchen, in der Jacke mit sich führen können. Wenn es gar nicht anders geht, ist die Tasche schlicht und qualitativ hochwertig, gut sortiert und zeitlos.

Wenn es die richtige ist, die endlich mal allen Ansprüchen gerecht wird, schmilzt das Metall, und der Preis spielt keine Rolle. Diese Handtasche wird ein langer Begleiter sein, der mit seiner Struktur eine tägliche Unterstützung im Alltag darstellt.

Mit dem Wesentlichen ausgerüstet, hat die Metall-Energie ihre klare und elegante Ausstrahlung, die beeindruckt. Die eigene Kompetenz wird durch die Handtasche dezent, aber nachhaltig unterstrichen.

Verlust der Tasche

Ein Metall-Energie-Typ wird nie seine Tasche verlieren, doch das wertvolle Stück zieht die Blicke von Kennern auf sich, der Inhalt birgt auch so einige Werte, sicherlich ein tolles Handy und andere teure technische Begleiter mit wichtigen Daten und sehr exklusive Schreibgeräte. Dieser finanzielle Verlust wird einen Metall-Energie-Typ jedoch nicht aus der Fassung bringen, und er bleibt einigermaßen gelassen, da er von allen Daten ein Backup gemacht hat, das andere wird eben wieder ersetzt.

Taschentyp Wasser

Eine Frau, die dem Wasser-Element-Typ entspricht, liebt beutelförmige und mit Fransen, Mustern oder Ornamenten besetzte Taschen, damit wirkt sie immer sehr locker und freigeistig.

Ungebunden von Konfessionen und Regeln, kombiniert die Wasser-Energie das, was ihr gerade gefällt. Stilbrüche werden spannend präsentiert, und die Details haben meist eine Geschichte im Hintergrund, die gern erzählt werden will. Der Anspruch an die Funktionalität ist gering, da es als lästig empfunden wird, alles immer an den gleichen dafür vorgesehenen Platz zu legen. Dies wird eher als Einschränkung empfunden denn als Hilfe. So freizügig und fließend der Wassertyp sein Leben lebt, so flexibel muss auch seine Handtasche sein.

Verlust der Tasche

Wenn ein Wasser-Energie-Typ seine Tasche verlegt, wird dies nicht das erste Mal sein. Vielleicht bemerkt sie den Verlust auch erst zwei Tage später, da sie keine wichtigen Dinge in der Tasche deponiert, keinen Timer besitzt, ihr Handy oder ihr MP3-Player sowieso nicht aufgeladen ist und sie wegen der Abwechslung lieber Radio hört. Lediglich Geld könnte fehlen, doch da es immer an einer anderen Stelle abgelegt wird, befindet es sich oft im Einkaufsbeutel oder der Jackentasche.

Eine schöne Geschichte dazu wird sie ihrem Umfeld gern erzählen, wenn die Tasche wiedergefunden wurde und auf der Polizeiwache der gesamte Inhalt auf einem

Tresen vor drei Beamten ausgepackt wird. Selbst das Wasser-Element wird peinlich berührt bis überrascht sein, wenn einiges länger Vermisste zutage kommen wird. Falls es doch einmal ein unwiederbringlicher Verlust sein sollte, ist der Wert nicht wirklich hoch, jedoch ein ideeller Verlust des vielleicht auf einer Reise in Indien erstandenen oder selbst entworfenen Modells bleibt.

Taschentyp Holz

Sportliche und aktive Frauen, die kreativ und sehr zielgerichtet sind, bevorzugen multifunktionale und robuste Taschen, sie dürfen sie nicht in der Bewegungsfreiheit behindern.

Ein Umpacken des Tascheninhalts, nur weil die Farbe oder der Stil nicht hundertprozentig passen, empfinden sie als echten Wahnsinn, da diese Zeit schon ganz anders verplant ist.

Auf das, was man tut, kommt es an, nicht auf das Qutfit, denn auch dieses sollte alles zulassen, vom Business bis zur Freizeit, und niemals einschränken.

Die Holz-Element-Frau liebt die Natur und Bewegung, so wird die Tasche ganz klar dem Lebensstil untergeordnet und muss genau so spontan sein wie die Besitzerin.

Natürliche Materialien schätzt der Holz-Typ sehr, strapazierfähige Hightech-Stoffe jedoch, die regendicht, atmungsaktiv und reißfest sind, gefallen ebenso gut.

Verlust der Tasche

Der Holz-Element-Typ wird bei Verlust seiner Tasche große Probleme bekommen, da er häufig aktuelle Projekte aus der Firma und private Unterlagen mit sich trägt, um jederzeit daran arbeiten zu können. Ebenso können die gerade toll eingelaufenen Sportschuhe weg sein, alles Dinge, die nicht einfach so zu ersetzen sind. Da die Tasche eher groß ist und der Inhalt keinen wirklichen Wert darstellt, wird sie meist wiedergefunden, da sie auf einer Baustelle oder bei einem Außentermin durch den Termindruck vergessen wurde. Ein cholerischer Anfall ist jedoch im ersten Moment leicht möglich.

Mischtypen der Elemente für Handtaschen

Sobald man die Grundenergien der Elemente erkennt, kann man sich die Elemente-Mischung zusammenstellen, die einen im Alltag, Beruf und Lebensgefühl unterstützt. Eine Mischung von drei Elementen bringt eine gute Unterstützung, doch bei besonderen Anlässen ist die reine Energieform am besten. Bei Kompromissen sollte man genau ergründen: Was brauche ich wirklich? Welche Elemente-Energien lebe ich zurzeit und welche Elemente-Mischung braucht meine Handtasche, um mich zu unterstützen.

Bedarf – Ausdruck – Funktion

Bedarf:	Ausgleich persönlicher Schwächen – Struktur etc.
Ausdruck:	Persönlicher Geschmack – Ausdruck des Lebensgefühls
Funktion:	Anforderungen durch Job und Tätigkeiten

- Variante I

So kann eine sehr teure, klassische Metall-Handtasche auch extravagant sein.

Feuer – extravagant durch Farbe und Material
Erde – praktisch und kompakt
Metall – strukturiert mit guter Aufteilung

- Variante II

Die harmonische Erd-Energie im passenden Doppel mit Business-Laptop-Tasche und Handtasche kann sehr gut strukturiert und sehr wertig verarbeitet sein.

Durch leichte Modifizierung in Material und Muster zeigt sich schon die Veränderung der Energie von zurückhaltend und bodenständig (Erde) zu auffällig und extravagant (Feuer).

Erde – kompakt, Set ⟶ Ausstrahlung – **Feuer**
Metall – strukturiert und elegant, zeitlos

Variante III

Die dynamische Holz-Energie kann durch variable Fächer eine gute Funktion bieten, optisch kompakt daherkommen und durch Farbe sowie ein teures exklusives Label das Image heben.

Holz – groß, viel Platz, Laptop
Feuer – exklusiv, auffällige Farbe
Erde – kompakt

Variante IV

Die zurückhaltende, eher schwere Erd-Energie kann durch moderne Materialien und helle Farben leichter gemacht werden. Gute Aufteilung mit Fächern und Innentaschen schaffen Struktur und Ordnung. Mit hohem Tragekomfort durch breite Schulterriemen und Henkel wird Freiraum geschaffen und Flexibilität unterstützt.

Erde – Stauraum, belastbar, unempfindlich
Metall – Ordnung durch gute, vielseitige Fächer und Aufteilung, Farbe silbergrau
Holz – multifunktional, groß, leicht, modern

Test: Welche Tasche brauchen Sie jetzt?

Grundfragen:

– Wie viele Freunde haben Sie?
– Wie unterschiedlich ist Ihr Freundeskreis?
– Wie tolerant sind Sie?
– Wie kompromissbereit sind Sie?
– Wie harmoniebedürftig sind Sie?
– Wie bodenständig sind Sie?

– Wie viele Taschen haben Sie, und wie unterschiedlich sind sie?

1. *Wie viel Halt, Sicherheit und Schutz (Unterstützung) brauchen Sie für sich oder andere?*
   = Größe der Tasche

a) 1 bis 3 Dinge S
b) 3 bis 6 Dinge M
c) Mehr als 7 Dinge L
d) Viel mehr XL

2. *Wie viel Raum, Freiheit und Möglichkeiten brauchen Sie?*
= Trageform der Tasche

a) Ich brauche beide Hände frei. – Rucksack
– Schultertasche
b) Ich muss damit auch laufen können. – Schultertasche
c) Ich muss damit etwas transportieren können. – Henkeltasche
d) Egal – Handtasche

3. *Wie empfindsam, sensibel und aufmerksam (umsichtig) sind Sie?*
= Material der Tasche

a) Ich bin eher sehr vorsichtig. feines Leder, Stoff
b) Ich bin eher abenteuerlustig. – Canvas, Hightech
c) Ich bin eher robust. – festes Leder
d) Von allem etwas – Materialmix

4. *Wie sehr stehen der Nutzen und die Funktion im Vordergrund?*
= Struktur und Qualität der Tasche

a) Ich brauche immer eine Handtasche. – hohe Qualität, teuer
b) Ich habe oft eine Handtasche dabei. – gut verarbeitet, mittel

c) Ich habe selten eine dabei. – klein, für besondere Anlässe

d) Nur wenn es nicht anders geht, habe ich eine dabei. – Beutel, Gala

5. *Wie wichtig sind Optik, Style, Label etc. (Außenwirkung)?*
   = Art der Handtasche

a) Eine Handtasche ist ein Statussymbol, meine Visitenkarte. – Label

b) Hauptsache, sie gefällt mir. – Emotion

c) Sie sollte im Trend liegen, It-Bag. – Trendsetter

d) Sie soll zu meiner Persönlichkeit passen. – Individualist

6. *Wie kompatibel sollte die Tasche sein?*
   = Farbe

a) Unauffällige Erdtöne – braun, beige

b) Soll zu allem passen – schwarz, weiß

c) Brauche sowieso mehrere – farbig

d) Egal – bunt

7. *Wie wichtig ist der ökologische Aspekt?*
   = nachhaltige umweltfreundliche Materialien und Fertigung

a) Sehr wichtig, gern recycelte Rohstoffe – Pet-Flaschen, Lack

b) Sehr wichtig, gern natürliche Materialien – Jute, Baumwolle, Filz

c) Produktion Fairtrade

d) Schadstofffreie Farben und Materialien

Handytaschen

halten immer mehr Einzug in den Kreis der unverzichtbaren Gegenstände, da ein modernes Leben ohne Smartphone kaum noch vorstellbar ist. Günstig ist es da, wenn eine Handytasche nicht nur das Handy schützt, sich gut anfühlt und gut aussieht, sondern auch beim Telefonieren vor Strahlung bewahrt.

Eine Naturfilzhülle mit abschirmendem Innenfutter lässt einen entspannt bleiben, denn auf heiße Ohren kann man gern verzichten.

Orientierungscheck 1: Wie gut kennen Sie sich in Ihrer Handtasche aus?

1. Wie lange brauchen Sie, um im Regen den Hausschlüssel zu finden? Werden Sie richtig nass?

   Sekunden zählen

2. Wie lange brauchen Sie, um an Ihr klingelndes Handy zu kommen?

   Klingelzeichen oder Sekunden zählen

3. Wie lange brauchen Sie, um an der Kasse Ihre Geldbörse hervorzuholen?

   Sekunden zählen

Fühlen Sie sich gestresst oder finden Sie die Dinge Ihres täglichen Gebrauchs blind?

Wie gut organisiert sind Sie:

- in Bezug auf Ihre Handtasche?
- in Bezug auf Ihre Wohnung?
- in Bezug auf Ihr Leben?

Teil IV
Makrokosmos Wohnung

Zwischen Handtasche und Lebenssituation sowie persönlichem Umfeld besteht ein Zusammenhang. Die Aussagen über den Mikrokosmos der Handtasche lassen sich auf die Wohnung übertragen, da dies eigentlich nur eine Handtasche in groß ist, in der wir leben.

Die Wohnung spiegelt vergangene Handlungen, Einstellungen und Lebensumstände wider, da sich der Ausdruck der Wohnung durch den Bewohner im Laufe der Zeit ausprägt. Unsere Wohnung ist unsere dritte Haut und zeigt unsere Lebenssituation auf. Spiegelt die Wohnung meine gewünschte Lebenssituation und Lebensfreude, oder bedarf es in einigen Bereichen der Veränderung?

Eine gewünschte Anpassung unseres Umfelds ist häufig nicht leicht umzusetzen, da viele Faktoren dabei eine Rolle spielen, wie Zeit, Geld oder Raum.

Der erste Schritt zur Veränderung kann jedoch viel einfacher, günstiger und schneller erfolgen. Verändern wir bewusst den Umgang mit unserer Handtasche, wird sich auch der Umgang mit unserem Umfeld verändern und damit unser Leben.

Die grundsätzlichen Prinzipien und Angewohnheiten spiegeln sich in unserem Umfeld.

Test 2: Makrokosmos

- Wie viel Aufmerksamkeit schenke ich meinem Umfeld?
- Wie gut gehe ich mit meiner Wohnung um?
- Wie gut ist meine Wohnung ausgestattet?
- Entspricht sie meiner Persönlichkeit?
- Unterstützt sie mein Potenzial?
- Wie ordentlich ist sie?

1	2	3	4	5

Geben Sie Ihre Antworten auf einer Skala von 1 bis 5 an, dabei ist 5 sehr gut und 1 sehr unaufmerksam.

Bei allen Ergebnissen unter 2 sollten Sie sich einmal genauer Ihre Wohnsituation verdeutlichen.

Typologie nach den Elementen im Wohnraum

Die Elemente drücken sich auch in den verschiedenen Lebensräumen aus.

Jeder Raum hat eine gewisse Ausstrahlung, die wiederum den Fünf Elementen entspricht.

Raumtyp Feuer

Ausgeglichen

Die Wohnung ist entweder ein Penthaus, eine Villa oder sie befindet sich in einer besonderen Lage (oder an der Umsetzung dieser Vision wird stark gearbeitet und eine Übergangslösung zurzeit gelebt).

Repräsentativ und luxuriös ist der erste Eindruck, sodass auch Partys und Empfänge sich gut in dieses Ambiente fügen, ebenso wie die Raumpflegerin, der Gärtner und der Fitnesstrainer. Ein Raumausstatter hat die Farbkompositionen und Designerstücke dekoriert und dabei die Wünsche der Bewohnerin berücksichtigt, sodass alles fertig ist, wenn sie aus New York zurückkommt.

Die Lieblingshandtaschen der diesjährigen Saison spiegeln die Farben des frisch renovierten Salons und sind natürlich auch voll im Trend. Style wird gelebt und geliebt, denn das Leben möchte mit allen Fasern gespürt werden, dies wird dann auch mit einer persönlichen Note unterstrichen, da eine Feuer-Typ-Frau nie langweilig oder gewöhnlich sein möchte und gesehen werden will. Ebenso ist die Jagd nach exklusiven Handtaschenmodellen eine Passion, die mit voller Energie und Begeisterung gelebt wird.

Unausgeglichen

Im unausgeglichenen Zustand wird zu vieles gewollt, und so entsteht ein zu lautes und schrilles Bild. Das liebevolle und lebensfrohe Ambiente mit Spaßfaktor wirkt nun verkrampft. Die Persönlichkeit kann dem gewünschten Ideal nicht entsprechen, und es wirkt eher geschmacklos und ist mehr Schein als Sein. Auffallen um jeden Preis steht im Vordergrund, oder man ist so äußeren Zwängen verhaftet, dass man sich in einer Parallelwelt gefangen fühlt, in der eine Art von stylischem Wettrüsten stattfindet.

So wird systematisch nach den neuesten Handtaschenmodellen gesucht, und dabei geht ein wenig von der Lebensfreude verloren.

Raumtyp Erde

Ausgeglichen

Die Wohnung ist sehr gemütlich und der Haupttreffpunkt von Familie, Nachbarn und Langzeitfreunden. Vom Landhausstil bis zu sehr traditionellen Möbeln reicht das Spektrum, Hauptsache, es ist bequem und einladend.

Jeder soll sich wohlfühlen und gern lange verweilen, Harmonie und Freude drücken sich in der warmen Farbgestaltung und Motivwahl aus.

Ansammlungen von verschiedenen Bildern, Kunsthandwerk und Geschenken von Freunden werden liebevoll präsentiert, was manchmal einen etwas überfüllten Raumeindruck hinterlässt, da man sich nur schwer trennen kann und alles gern einer neuen Nutzung zugeführt werden soll. Die Wohnung bietet einen Konsens, da an die verschiedensten Bedürfnisse gedacht wird und jeder zu seinem Recht kommen soll, damit die große Kompromissbereitschaft sich harmonisch zu einem Geborgenheit vermittelnden, fröhlichen Heim verbindet. Es ist eher dunkler als zu hell, eher kuschelig als zu glatt, eher warm als kalt, eher viel als zu wenig, eher schwer als leicht.

So ist die Handtasche dann auch eher für mehr als nur ein Taschentuch und den Haustürschlüssel ausgelegt, und für fast jedes Bedürfnis wird vorgesorgt.

Unausgeglichen

Unausgeglichen wirkt das Erd-Element schwer und unbeweglich. Alles bleibt beim Alten und veraltet, dazu sammelt sich viel an, und es entsteht ein zu voller Raumeindruck, da man sich von dem Vergangenen nicht trennen kann. Behäbig bis plüschig und unmodern ist die Einrichtung, antike Stücke sind unter den Platzdeckchen und vielen Erinnerungsstücken kaum noch zu erkennen. Alle Wände sind in warmen Farben wie Orange-Rot bemalt, Kissen, Decken und viel Stoff ersticken den Raum fast, und alles ist in harmonischer Absicht leider überdekoriert.

Ebenso ist die Handtasche schon eher eine kleine Reisetasche, und es wird so allerlei unnützer Ballast mit sich herumgeschleppt.

Raumtyp Metall

Ausgeglichen

Die Metall-Energie als Raumtyp drückt sich in ihrer Wohnung in einem reduzierten und klaren Stil aus, der durch einige wenige besondere Designobjekte die eigene Persönlichkeit unterstreicht, diese werden auch über Jahre geliebt, deshalb brauchte es auch einige Zeit, bis eine so nachhaltige Entscheidung getroffen wurde.

Zu viele Dinge im Raum haben eine beunruhigende Wirkung auf den Metall-Typ und lenken vom Wesentlichen ab. Mit klaren Gedanken kann der Geist brillieren und auch zum Ausgleich in meditative Ruhe finden. Gute Literatur ist dabei ebenfalls gewünscht und geliebt. Sauberkeit ist ein wichtiger Aspekt, der sich bei wenig bis keinem Nippes leichter aufrechterhalten lässt.

Ein häufiger Umzug aus Karrieregründen ist nicht selten, dieser wird unkompliziert verlaufen, da man nicht so stark emotional an die Räume gebunden ist und mit dem Aufstellen der Lieblingsstücke in der neuen Umgebung sich schon fast wieder zu Hause fühlt.

Eine Frau, die ihre Wohnung in kühler Eleganz oder auf das Nötigste reduziert eingerichtet hat, wird vom Element her sehr viel Metall leben und so auch in ihrem Umgang Oberflächlichkeiten ablehnen und Pünktlichkeit schätzen. So wird die Wohnung sie in ihrer Ordnung unterstützen, was ebenfalls auf die Handtasche zutrifft.

Unausgeglichen

Unausgeglichen wirkt die Metall-Energie im Raum sehr karg, freudlos, kalt und unpersönlich. Es wird zu sparsam mit den wenigen Dingen umgegangen, sodass es eher leer als reduziert aussieht. Nichts und niemanden brauchen zu wollen führt zu innerer und äußerer Armut. Oberflächliche Beziehungen sind so auch möglich, da man keine dauerhaften Kompromisse eingehen möchte und zu hohe Ansprüche an eine Beziehung stellt, die nicht wirklich erfüllbar sind.

Frau ist sich selbst genug, und so ist auch wenig Mobiliar vorhanden, in extremen Fällen sind lediglich Klappstühle oder gar keine Plätze für Gäste vorgesehen. Eine Handtasche ist da nun wirklich völlig überflüssig.

Raumtyp Wasser

Ausgeglichen

Ausgeglichen ist die Wasser-Energie im Raum sehr individuell und mischt gern verschiedene Stile miteinander.

Drei gleiche Sofas sind ihr zu eintönig, so werden verschiedene Sitzgelegenheiten kombiniert. Was zuerst etwas durcheinander scheint, wird in der Gesamtheit stimmig. Überraschend vielseitig, von kunstvoll bis kitschig, aber keineswegs langweilig ist das Gesamtwerk der Wohnung. Diese Räume spiegeln den Bewohner und bieten viel Gesprächsstoff, wirken belebend und anregend. Farben, Muster und Formen erleben bisweilen einen Rausch, der für einige Besucher auch nur stündlich zu ertragen ist. Das Wasser jedoch wird durch diese Vielfältigkeit inspiriert und schläft trotzdem ganz entspannt.

Die Handtaschen sind wie das Umfeld – außergewöhnlich und voller Leben, drinnen wie draußen. Optik und Innenleben der Tasche bieten viel an Farben, Mustern und überraschenden Wegbegleitern.

Unausgeglichen

Durch die Anhäufung von Dingen entstehen Rundungen in den Ecken, und unerledigte Projekte sammeln sich. Zuerst wird Trödel gesammelt, dann folgt das Aufheben von Kaputtem bis hin zu wirklichem Müll.

Aus allem könnte noch etwas gemacht werden, zu jedem Teil gibt es schon eine Idee, die jedoch aufgrund des vielfältigen Angebots nicht umgesetzt werden kann. Die Entscheidung fällt dann schwer oder wird gar unmöglich, und so entsteht eine Messie-Qualität. Dies kann andere Menschen im Bekanntenkreis und einen selbst auch leicht überfordern.

Sich von Dingen zu trennen und klare Strukturen zu schaffen ist im Raum und auch bei der Handhabung einer Handtasche ein Problem. Diese ist dann mit abgelaufenen Riegeln, benutzten Taschentüchern sowie alten Kassenbons und Ähnlichem gefüllt – ebenso wie die Wohnung.

Raumtyp Holz

Ausgeglichen

Natürlich und ungezwungen und sehr flexibel sind die Möbel in diesem Penthaus. Es gibt hohe Decken, große Fenster, einen Blick in die Natur. Natur und Weite werden zusätzlich mit frischen Pflanzen in die Wohnung geholt. Platz ist ein großes Thema, am liebsten ist ein Loft.

Die Wohnung darf nicht einschränken, sondern muss Spielraum für viele Interessen und Projekte bieten. Die Einrichtung wird diesen Stil spiegeln, da der Tisch zum Essen, Arbeiten, Basteln und Werken taugen muss. Die Handtasche sollte natürlich auch multifunktional sein, leicht und flexibel, sportlich und geradlinig.

Unausgeglichen

Überall sind angefangene Projekte, die nicht fertiggestellt werden, Ideen bleiben im Kopf und werden nicht umgesetzt, die Räume sind halb fertig. Es gibt keinen Platz mehr für neue Visionen, alte Projekte stehen herum und verbauen den Weg für Neues. In den Räumen fehlt es an Frische und Helligkeit.

Die Mischung aus zu hohen Zielen, die nicht mehr allein umgesetzt werden können, und einer »Ich mach das alles selbst«-Ambition geben den Räumen das Gefühl, eine immerwährende Baustelle zu sein. So braucht man lediglich seine Sporttasche für den Ausgleich und pflegt nur noch wenige Interessen.

Orientierungscheck 2: Wie gut kennen Sie sich in Ihrer Wohnung aus?

1. Wie lange brauchen Sie, um den Hausschlüssel zu finden? Wie oft kommen Sie zu spät zum Termin?

   Minuten zählen

2. Wie lange brauchen Sie, um an Ihr klingelndes Handy zu kommen?

   Klingelzeichen oder Sekunden zählen

3. Wie lange brauchen Sie, um Ihre Handtasche zu finden?

   Minuten zählen

Fühlen Sie sich gestresst oder finden Sie blind die Dinge Ihres täglichen Gebrauchs?

Wie gut organisiert sind Sie

- in Bezug auf Ihre Handtasche?
- in Bezug auf Ihre Wohnung?
- in Bezug auf Ihr Leben?

Wenn Sie länger als zwei Minuten brauchen, sollten Sie Ihre Wohnung etwas besser strukturieren.

Teil V
Psychologie der Fünf Elemente

Die Fünf Elemente in Reinform kommen in freier Wildbahn des Lebens kaum vor, eher Mischtypen von zwei bis drei Elementen. Dies ist sehr von unserem Lebensalter und dem persönlichen Umfeld/Lebensstil geprägt, sodass der eigentliche Charaktertyp einen Kompromiss eingeht.

Erst sollte man die Reinformen kennen, damit die Mischung der einzelnen Komponenten klar wird, die in ihrer jeweiligen Gewichtung den Gesamteindruck bestimmen.

Alter + Lebensumstände + Persönlichkeit =
Mischtyp – Verteilung der Elemente

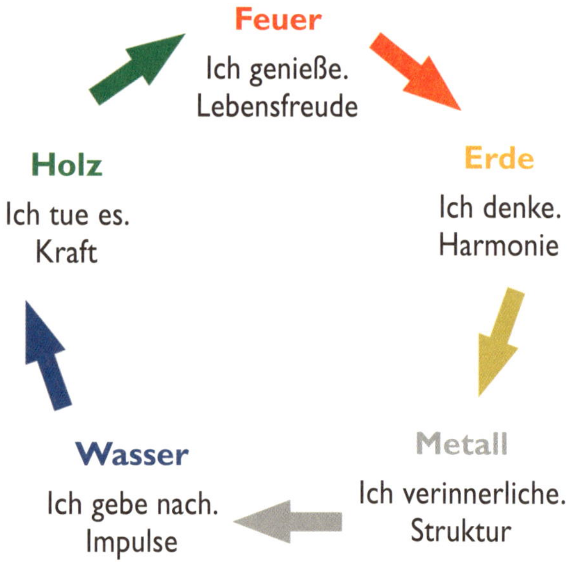

Vom Kleinen ins Große: Mikrokosmos Handtasche – Makrokosmos Wohnung/Haus

Wenn sich etwas in unserem Leben verändert, geht dies unweigerlich mit einer Veränderung unserer räumlichen Situation einher. Diese Umgestaltung kann eine Lebensveränderung positiv unterstützen oder unbewusst auslösen (Umzug). Ebenso können einige gewünschte Veränderungen auf dem Lebensweg scheitern, da die alte Konditionierung im Umfeld zu starr ist und dies nicht zulässt oder zusätzlich erschwert. Diese ungünstige Konditionierung ist besonders bei Trauer oder Krankheit zu beachten, da sie dort besonders stark wirkt und eine Heilung verzögert.

Unser Umfeld, die dritte Haut, wirkt sich auf unser Befinden ebenso stark aus wie unsere Kleidung, die der zweiten Haut entspricht. Fühlen wir uns wohl in unserer eigenen Haut, so haben wir auch ein gutes Gefühl dafür, was wir anziehen wollen, und genießen es, unsere Kleidung zu spüren. Dieses Wohlgefühl gibt uns auch unser Umfeld, auf der nächsten, der dritten Ebene.

Die grundsätzlichen Prinzipien und Angewohnheiten spiegeln sich in dem Umgang mit uns selbst, doch häufig bemerken wir gar nicht, wie wir mit uns umgehen, da wir vom Alltag so gefangen sind und zu viel im Außen agieren. So von unseren inneren Bedürfnissen entfernt, treffen wir leichter Fehlentscheidungen, die unser Leben maßgeblich beeinflussen.

Dies können Sie nur verändern, wenn Sie zu sich zurückfinden und sich in allen Ihren Häuten und auf allen Ebenen wohlfühlen. Natürlich geht das nicht sofort und überall, aber beginnen Sie damit im Kleinen, und sobald Sie sich an den ersten Erfolgen freuen können und den Kontakt zu sich selbst wiederhergestellt oder verbessert haben, automatisiert sich dieser Vorgang. Sobald Sie wissen, was sich für Sie gut anfühlt, werden Sie es auf allen Ebenen spüren können, und jede weitere Entscheidung bringt Sie zu der Lebensfreude, in der Sie leben möchten.

Test 3: Lebensgefühl

- Wie viel Aufmerksamkeit schenke ich mir?
- Wie gut gehe ich mit mir um?
- Wie gut kümmere ich mich um mein Wohlbefinden, meine Bedürfnisse und Wünsche?
- Wie viel bin ich mir selbst wert?
- Wie glücklich bin ich?
- Was tue ich für mich?

1	2	3	4	5

Geben Sie Ihre Antworten auf einer Skala von 1 bis 5 an; 5 ist sehr gut, 1 ist sehr wenig.

Hierbei geht es nicht darum, viel oder wenig Punkte zu bekommen, sondern sich diese Fragen einmal ehrlich zu stellen, zu beantworten und intuitiv zu erfassen, wie es Ihnen eigentlich geht.

Wenn Sie auf der Skala unter 2 liegen, fehlt Ihnen Lebensfreude.

– Vergleichen Sie jetzt die Ergebnisse von:

Test 1 – Mikrokosmos
Test 2 – Makrokosmos
Test 3 – Lebensgefühl

Stellen Sie Parallelen fest?

Wenn ja, planen Sie nicht gleich Ihr ganzes Leben neu, fangen Sie so an, dass Freude und Erfolge gut sichtbar sind – mit einer neuen Handtasche, DIE IHR GEWÜNSCHTES LEBENSGEFÜHL UNTERSTÜTZT.

Mobile Visionspunkte

Persönliche Konditionierung durch Handtaschen

Unsere eigene Handtasche sehen wir öfter als unsere Schuhe, Kleidung, Frisur oder Schmuck, wenn wir unterwegs sind. Dadurch, dass wir sie tragen und sie unsere wichtigsten Dinge beherbergt, bleibt sie immer in unserem Fokus und somit in unserem Blickfeld. Da wir, während wir sie benutzen, sie öffnen, schließen, absetzen, hinstellen, tragen, an uns drücken, fällt unser Blick häufig auf ihre Optik. Wir wissen, was in ihr steckt, und im günstigen Fall auch, wo.

Doch wie sehr wir dies für die Verwirklichung unserer Wünsche unterstützend nutzen können, ist den wenigsten bewusst.

Experiment

Variante I

– Nehmen Sie eine simple Leinentasche und schreiben Sie mit einem Edding eine Affirmation darauf, beispielsweise:

  - Be Happy
  - Lächle mal wieder
  - Das Leben ist schön
  - Queen
  - Flowerpower

– Nun malen Sie noch ein Symbol oder ein Bild, je nach Ihren künstlerischen Fähigkeiten, dazu oder kleben Sie es auf, etwas, was Ihre Affirmation unterstützt, zum Beispiel:

  - Smiley
  - Frauenpower-Symbol
  - Blüte
  - Glitzersteinchen etc.

Wenn Sie an einem ganzen Tag diese Tasche als Begleiter mit sich nehmen, werden Sie merken, wie oft Sie Ihre Botschaft lesen und damit einen mobilen Visionspunkt mit sich tragen, der Sie positiv unterstützt.

Je bewusster Sie diese Gestaltung umsetzen, desto stärker ist die Wirkung, die diese Affirmation entfaltet. Es kann sogar sein, dass Sie, wenn Sie die Augen am Abend schließen, das Bild der Tasche mit dem Smiley vor Ihrem inneren Auge sehen, dass es sich förmlich eingebrannt hat. Dies passiert mit gewollten Aussagen genauso wie mit unbewusst aufgenommenen Signalen, die Ihr Lebensgefühl unbemerkt negativ beeinflussen.

Nun stellen Sie sich mal vor, welche Möglichkeiten in einer richtig gewählten Handtasche stecken. Warten Sie nicht darauf, dass sich von selbst etwas ändert, wenn Sie nicht zufrieden sind, nehmen Sie es selbst in die Hand, im wahrsten Sinne des Wortes, in Ihre Handtasche.

Variante II

- Schreiben Sie eine Karte mit den besten Wünschen für Ihr Leben oder eine bestimmte Situation auf und stecken Sie diese in Ihre Handtasche.

Wenn Sie die Karte mit klarem Fokus und positiver Energie geschrieben haben, wird sie durch Ihre Handtasche hindurch wirken.

Besonders schön ist es auch, wenn Sie im Kreis von Freunden eine Karte herumgehen lassen, auf die jeder schreibt, was ihm besonders gut an Ihnen gefällt und was er Ihnen konkret für die nächste Zeit wünscht.

Die Glückskeks-Tasche

Allein der Name »Glückskeks« macht schon froh, wenn man ihn ausspricht, da er so positiv ist. Somit eignet sich eine solche Tasche besonders gut als Feng-Shui-Hilfsmittel und dazu, Freude zu schenken.

Nutzen Sie eine Glückskeks-Tasche mit einer frohen Botschaft, geheimen Wünschen und Glücksbringern, in der Sie, unsichtbar für andere, Ihre positive Konditionierung bei sich tragen oder in der Wohnung platzieren. Alle Elemente-Energien sind in Form, Material und Ausdruck integriert, um positiv miteinander zu wirken. Egal wohin Sie Ihren »Glückskeks« platzieren, sobald Ihr Blick bewusst oder unbewusst darauf fällt, wird er wirken.

Element Erde

Taschen aus Naturfilz fühlen sich ohnehin besonders gut an und verführen zum Anfassen, sie erfüllen auch den Nachhaltigkeitsaspekt, der dem Element Erde entspricht. Visionspunkte, die mehrere Ebenen unserer Sinne berühren, wirken intensiver und ermöglichen somit schneller Erfolge.

Element Wasser

Schöne bunte Muster und Farben zeigen Lebendigkeit und bringen durch das Element Wasser die Dinge in Fluss.

Element Metall

Die verinnerlichte Grundform des Kreises birgt die zentrierende Kraft des Elements Metall und unterstützt klare Wünsche.

Element Holz

Das kreative Zusammenrollen der Glückskeks-Tasche und ihre Mobilität entsprechen dem Element Holz.

Element Feuer

Die spitz aufragende geschlossene Glückskeks-Form mit dem Visionsinhalt unterstützt die transformierende Kraft des Feuers.

Feng-Shui in Räumen schafft Harmonie und Ausgleich, aktiviert positive Visionen. Diese Visionspunkte konditionieren Sie auf die von Ihnen gewünschten Ziele. Wie cool ist es, wenn Sie einen davon sogar mit sich nach draußen nehmen und auch im Außen wirken lassen können.

Schlüsselanhänger und Taschenanhänger

Die Light-Variante für positive Unterstützung ist ein schöner Anhänger am Schlüssel, dies ist dekorativ, sehr gut sichtbar, fühlbar und individuell. Er sollte mit Bedacht ausgewählt werden:

- Ein **Edelsteinanhänger** hat immer eine besondere Ausstrahlung, und die Vielfalt der Natur bietet für alle Lebenslagen den passenden Stein oder Kristall.
- **Alte Symbole** wie der Unendlichkeitsknoten, die Acht, die Blume des Lebens oder ein Herz sind in sehr unterschiedlichen Ausführungen erhältlich und wirken harmonisierend.
- **Initialen** stärken das Selbstbewusstsein des Trägers.
- **Selbst gebastelte** Anhänger sind sehr persönlich und schenken Lebensfreude.
- **Naturprodukte** wie Filz, Seide, Bast und Leder sowie Metall sind Kunststoffen vorzuziehen.
- **Troddeln** und **Quasten** symbolisieren durch ihren Tanz Flexibilität.
- **Namen und Wörter**, Love, Happy, Glück, sowie positive Sprüche wirken wie Affirmationen.

Persönliches Feng-Shui auch außerhalb der eigenen Wände

Wenn Sie wissen, was Ihnen guttut und Sie glücklich macht, können Sie es überall im Leben finden.

Sie entwickeln einen Blick dafür, und so wird das Glas von halb leer zu halb voll und dann zu ganz voll. Nur wer Fülle hat, gibt mit Leichtigkeit und gern; wenn er Angst hat, zu kurz zu kommen, beeinflusst dies jede Lebenslage und schränkt ein.

Viele kleine Freuden und Momente des Glücks schaffen ein großartiges Lebensgefühl der Fülle. Diese Ausstrahlung zieht automatisch mehr Glücksmomente an, denn das ist die Wirkung des Resonanzprinzips. Die Aufmerksamkeit auf die für Sie wichtigen Dinge wird gefördert, und Sie bemerken, dass alles schon da ist, Sie müssen nur richtig hinschauen.

Wie wir die Dinge bewerten, positiv oder negativ, kritisch oder unvoreingenommen, ist wesentlich dafür, wie glücklich wir uns fühlen. Klammern Sie sich nicht daran, dass ein Einzelner oder ein einzelnes Ereignis für Ihre Lebensfreude zuständig sein könnte, Sie sind es ganz allein.

Fokus

- Schauen Sie sich die Handtaschen von Frauen mal genauer an, die Sie attraktiv und interessant finden, um sich zu orientieren.

Wenn Sie sich für ein Modell entschieden haben, werden Sie es viel häufiger sehen als zuvor.

Orientierungstest 3:
Wie gut kennen Sie sich?

Teil 1

– Was tut Ihnen gut und lässt Sie entspannen?

Schreiben Sie dazu drei konkrete Antworten auf:

1. ______________________________
2. ______________________________
3. ______________________________

Teil 2

– Was sollten Sie vermeiden, da es Ihnen wiederholt nicht guttat?

Schreiben Sie eine spontane Antwort auf:

1. ______________________________

Teil 3

– Was ist Ihr nächster Wunsch?
– Welches Ziel wollen Sie erreichen?

1. ______________________________
2. ______________________________

Falls diese Fragen Sie zögern lassen und Ihnen nicht sofort eine Antwort einfällt, sollten Sie sich ein bisschen besser kennenlernen.

! Einen Zettel mit Ihren Antworten können Sie gut in Ihrer Glückskeks-Tasche deponieren, um Ihre Wünsche zu unterstützen.

Orte für Handtaschen nach ihrer Energie

Feuer-Element-Energie

Die Feuer-Energie-Handtaschen sind eher am Abend als am Tage zu finden, jedenfalls immer da, wo es wichtig ist, zu sehen und gesehen zu werden. Premieren und Ausstellungen, Sportveranstaltungen von Pferderennen bis zu Boxkämpfen, alles ist möglich, nur sind es die Highlights der Saison, das besondere Ereignis, das entscheidend ist.

Es darf gefeiert werden, und Spaß wird großgeschrieben. Selten kommen so viele verschiedene ausgefallene Exemplare zusammen wie dort.

Erd-Energie-Element

Unternehmungen mit geselligem Charakter und im sozialen Verbund – ob Gemeinschaften mit Kindern, älteren oder gehandicapten Menschen, mit guten Freunden oder Familie – haben eine Häufung von Erd-Energie-Handtaschen, die eine tolle Zeit ohne Mangel und mit viel Freude garantieren, da sie einige Überraschungen beherbergen.

Metall-Element-Energie

Auf Seminaren und Fortbildungen findet man eher Metall-Energie-Handtaschen-Typen, die von Fachleuten direkt Wissen vermittelt haben wollen, um durch konkrete

Fragen Klarheit zu einigen Themen zu erlangen.

Bei intellektuell ansprechenden Veranstaltungen und Präsentationen von High-End-Produkten werden diese gut strukturierten Modelle, die oftmals einen Laptop beherbergen, ein gutes Bild abgeben.

Wasser-Element-Energie

Bei psychologischen, spirituellen Vorträgen und Kunstausstellungen jeder Couleur findet man einen überproportionalen Anteil an Wasser-Energie-Handtaschen.

Diese Frauen sind bereit, in ihre Tiefen abzutauchen, und haben den Wunsch, ihre Intuition zu stärken. Viel Inspiration wird in den Beuteln verschwinden, und einiges wird dort lange bleiben. Aber auch im Alltag finden wir die großen Hobo-Bags und Shopper, die zu unkonventionellen Vergnügen aufrufen.

Holz-Energie-Element

Auf sportlichen Veranstaltungen und im Freien sind eher Holz-Energie-Handtaschen gefragt, die Möglichkeiten zum Mitmachen bergen und ohne Probleme auf dem Rasen abgestellt werden können. Diese Naturfreunde lieben das solide Handwerk und nachhaltige Materialien, die zu ihrem Umweltbewusstsein passen.

Selbstständig, modern und dynamisch zeigt sich die Holz-Energie überall, wo etwas bewegt werden kann (sozial, beruflich, politisch).

Typologie des Lebensgefühls nach den Elementen

Die gelebte Grundenergie bestimmt auch das Lebensgefühl. Diese Lebenseinstellung wird durch unsere Erziehung und unseren Lebensweg nachhaltig beeinflusst. Unsere Handtasche ist häufig ein Spiegel unseres aktuellen Lebensgefühls, das meist sehr komplex ist.

Alle Fünf Elemente gibt es in Yin- und Yang-Qualitäten, das bedeutet, in einer aktiven und in einer sanften Energieform. Yang ist der aktive Teil und Yin der passive Teil, beide ergänzen sich und gleichen sich aus, und durch diese Balance entsteht Harmonie.

So ist es auch mit unserem Lebensgefühl, ausgeglichen sind wir in unserer Mitte und fühlen uns wohl. Immer wieder die Balance zwischen diesen Yin- und Yang-Energien zu erreichen bringt uns innere Ruhe, Zufriedenheit und Glück.

Fünf-Elemente-Grundtest

– Welche Aussage passt am besten zu Ihnen?

Aussage 1

❒ a) Ich liebe das Besondere, das gern auch funkeln und glitzern kann.

❒ b) Ich habe es gern praktisch.

- ❐ c) Qualität muss sein.
- ❐ d) Ich bin sehr sportlich.
- ❐ e) Mich muss eine Sache sofort ansprechen, sonst kann ich mich schwer entscheiden.

Aussage II

- ❐ a) Ich fühle mich mit ausgefallenen Stücken erst richtig wohl.
- ❐ b) Ich bin sehr pragmatisch.
- ❐ c) Mir ist weniger lieber als zu viel.
- ❐ d) Ich gehe nicht nach dem Trend, ich liebe unterschiedlichste Stile.
- ❐ e) Ich neige zur Ungeduld und mag keinen Schnickschnack, mit dem man vorsichtig umgehen muss.

Aussage III

- ❐ a) Ich style mich gern aufwendig.
- ❐ b) Ich liebe Kollektionen, in denen alles zusammenpasst.
- ❐ c) Qualität hat seinen Preis, lieber spare ich, um dauerhaft Freude daran zu haben.
- ❐ d) Künstlerische Unikate und selbst gemachte Dinge mit Seele sprechen mich an.
- ❐ e) Ich bin sehr spontan.

Aussage IV

- ❐ a) Funktion ist für mich nebensächlich, wenn die Sachen eine tolle Optik haben.
- ❐ b) Ich brauche ein gewisses Volumen, um alles Nötige zu verstauen.
- ❐ c) Ich brauche auch mal Zeit für mich allein.
- ❐ d) Alles, was mich nicht einengt, passt zu meinem Lebensstil.
- ❐ e) Ich liebe die Natur und bin viel draußen.

Aussage V

- ❐ a) Ich begeistere mich schnell für Dinge.
- ❐ b) Harmonie ist mir wichtig.
- ❐ c) Pünktlichkeit ist mir wichtig.
- ❐ d) Ich liebe Mitbringsel aus allen Ländern der Welt
- ❐ e) Ich bin viel unterwegs.

Aussage VI

- ❐ a) Ich feiere gern.
- ❐ b) Ich bin gern zu Hause.
- ❐ c) Struktur und Ordnung sind mir sehr wichtig.
- ❐ d) Ich liebe Stilmixe und kombiniere gern selbst.
- ❐ e) Ich liebe Herausforderungen.

Auflösung:

Das Testergebnis spiegelt Ihre momentane Elemente-Energie-Verteilung, die durch Ihre Persönlichkeit, Ihr Alter und Ihre Lebensumstände geprägt werden. Gewöhnlich entstehen Mischtypen der Elemente, doch nur anhand der seltenen reinen Energieformen kann man den Ausdruck leicht erkennen. So stellen Sie selbst fest, welche Elemente-Mischung Sie zurzeit leben.

Welche Elemente-Energie dominiert?

Welche Elemente-Energie fehlt?

☐ *a) Element Feuer*

☐ *b) Element Erde*

☐ *c) Element Metall*

☐ *d) Element Wasser*

☐ *e) Element Holz*

Lebensgefühl Feuer-Energie

Ausgeglichen

Samantha genießt voller Leidenschaft jeden Tag und hat starke Visionen von ihrem Leben, wie dieses zukünftig aussehen soll. Ihre Begeisterungsfähigkeit und ihre Lebensfreude sind für jeden ein Geschenk, da es Spaß macht, mit ihr zusammen zu sein. Sie ist kontaktfreudig und ein gern gesehener Gast auf Partys und Feiern jeder Art. Viel leben und lieben macht sie stark und anziehend, weshalb sie auch ohne großes Zutun zum Mittelpunkt wird.

In ihrer Handtasche findet sich Parfum, Lippenstift und Handy, sehr viel mehr braucht sie nicht. Wenn Samantha genug Abwechslung geboten wird, ist sie ein strahlender Stern, der jeden mit erhellt, der in seiner Nähe ist.

Natürlich braucht sie etwas länger, um ihre Haare und ihr Outfit perfekt zu stylen, aber das ist es oft wert. Da in den VIP-Kreisen eine Häufung von Feuer-Energien zu finden ist, muss Samantha auch jedes Mal mehr tun, um dort noch aufzufallen, was ihr aber Spaß macht.

Unausgeglichen

Unausgeglichen verliert Samantha mit ihrer Feuer-Energie den Bezug zur Realität und fliegt wie eine Motte ins Licht. Langeweile und mangelnde Anerkennung lassen sie leicht von den hohen Höhen aus dem Scheinwerferlicht in den tiefen Schatten stürzen.

Diese radikalen Stimmungsschwankungen verführen dazu, Süchten nachzugeben, die das Leben kurzfristig wieder erhellen. Depressionen sind eine häufige Folge von diesem extremen Lebenswandel, die erst durch das erneute Besinnen auf innere Werte und Bodenhaftung schwinden können. Wirkliche Freunde und Familie sind dabei eine große Hilfe, da sie zeigen, dass nicht nur das Streben nach Weiter, Höher und Schneller wie bei einem Adrenalinjunkie große Gefühle verursacht.

Yang-Störung
Sprunghaft, maßlos, oberflächlich, Adrenalinjunkie

Yin-Störung
Depressiv, keine Gefühle, Leere, Sucht

Lebensgefühl Element Erde

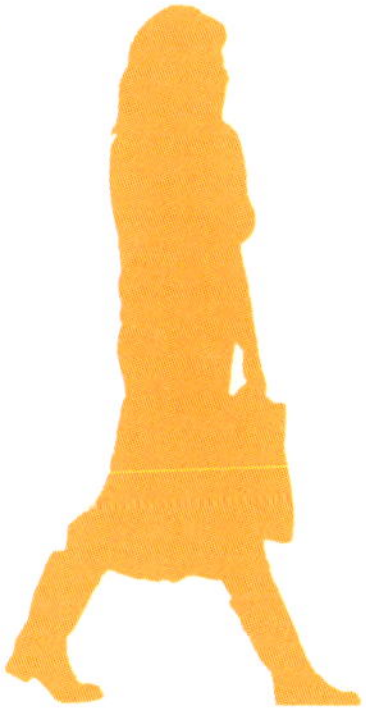

Ausgeglichen

Charlotte kann ihr Glück erst richtig genießen, wenn es allen um sie herum gut geht. Ihr positives Lebensgefühl möchte sie gern mit allen teilen und sie kann sich auch von Herzen für andere freuen.

Sie kann allerdings besser geben als annehmen und mag keine großen Überraschungen, eher plant sie mit Begeisterung eine Überraschungsparty für jemand anderen, als selbst im Rampenlicht zu stehen.

In ihrer Handtasche sind immer Kopfschmerztabletten, Minzbonbons und Taschentücher für Notfälle, auch wenn sie fast nie Kopfschmerzen oder Schnupfen hat und die Minzbonbons eigentlich zu scharf für sie sind, aber alle anderen mögen sie so gern.

Charlottes große Kompromissbereitschaft macht sie so angenehm für Teamwork, und ihr Einfühlungsvermögen lässt sie eine gute Beraterin sein.

Wegen ihrer Bodenhaftung liebt sie geregelte Abläufe und ist dadurch berechenbar. Dies bietet ihrem Wesen sehr viel Sicherheit und Geborgenheit. Harmonie ist ihr sehr wichtig, auch wenn sie sehr konsequent und nachdrücklich sein kann, wenn es ihr nötig erscheint. Das wird dann von ihrer Umgebung auch sehr ernst genommen, da sie ja sonst gutmütig ist.

Lebensfreude und Geselligkeit sind die Nahrung für Glück, und dies wird mit gemeinsamen Essen zelebriert.

Freunde sind meist aus der Zeit des Sandkastens oder der Grundschule noch vorhanden, und es kommen immer weitere dazu, da man über die Jahre ihre Verlässlichkeit zu schätzen gelernt hat.

Unausgeglichen

Wenn Charlotte in allem eher ein Problem sieht oder ein Risiko, ist dies die Folge von zu erdverhafteten Elemente-Energien, die sehr statisch sind, sich vor Veränderungen fürchten und Neuem gegenüber sehr kritisch sind. Lieb gewonnene Verhaltensweisen werden nur sehr schwer verändert, das Altbewährte wird lieber aufrechterhalten. Sicherheit ist ein hoch geschätztes Gefühl, und Risiken wird lieber aus dem Weg gegangen.

Sicher findet man einen älteren Diätriegel und einige Schokostückchen in ihrer Handtasche für akute Situationen und eine Familienpackung Schokoriegel als Trost. Automatisch beschwert sich Charlottes Körper durch wachsendes Gewicht, um eine vermeintliche Stabilität und Sicherheit zu schaffen. Dieser Prozess ist für ihr Umfeld leichter sichtbar als für sie selbst, doch diese geselligen Seelen mit der Yin-Erd-Element-Störung kommen zu Kaffee und Kuchen zusammen und finden das dann wieder ganz normal.

Es fehlt die Kraft, durch regelmäßigen Sport wieder ins Gleichgewicht zu kommen.

Yang-Störung

Besitzergreifend, kontrollierend, festhaltend,
Untergewicht = Erdmangel

Yin-Störung

Sorgenvoll, grübelnd, aufopfernd,
Übergewicht = Erdstau

Lebensgefühl Metall-Energie

Ausgeglichen

Claire sind gute Freunde wichtiger als viele Bekanntschaften. Einige anspruchsvolle Events zieht sie vielen schrillen Partys vor.

Sie arbeitet effektiv und strahlt so Kompetenz und Klarheit aus, was sehr beruhigend auf ihre Mitarbeiter wirkt. Entscheidungen fallen leicht, fördern die Karriere und bringen sie auf den direkten Weg zum Ziel, privat wie auch beruflich.

Genuss in höchster Wonne entsteht bei einer Komposition aus klarem Klang, kleinen exquisiten Köstlichkeiten und guter Gesellschaft (kann auch ein Buch oder Film sein) in stimmungsvollem Ambiente. Auf den Wert der Dinge kommt es an, nicht auf die Menge.

Genießen und Verfeinern ist typisch Metall-Energie. Deshalb mag sie auch nichts Überflüssiges und trennt sich leicht von für sie nicht mehr zeitgemäßen Dingen.

Taschen sind nicht wirklich ihre Leidenschaft, einen schlichten Rucksack gab es mal, die Gürteltasche war eine Weile akzeptabel, auch eine kleine Tasche und ein Geldgürtel im Urlaub wegen der Sicherheit. Die jetzige Tasche passt durch ihre schlichte Eleganz jedenfalls Sommer wie Winter und auch zu jeder Gelegenheit (wie sie findet).

Unausgeglichen

Claire hat zu hohe Ansprüche, dadurch isoliert sie sich selbst und lebt in sich zurückgezogen die unausgeglichene Metall-Energie. Da keiner es ihr recht machen kann, nicht mal sie selbst, brechen Kontakte von beiden Seiten aus ab. So stumpft das Gefühl ab, und Härte kommt zum Vorschein. Klare Trennungen werden vollzogen, die nicht wirklich guttun und zu einschneidend sind.

Richtige Entscheidungen fallen schwer, häufig entscheidet sie sich um und so kommt sie nicht weiter voran. Ziele bleiben im Nebel und können nicht verfolgt werden. Eine harte und unnahbare Frau geht dann sehr allein durch das Leben.

Yang-Störung

Starr, unflexibel, unterkühlt, distanziert,
kritisierend, perfektionistisch

Yin-Störung

Unentschlossen, apathisch, trauernd,
verschlossen

Lebensgefühl Wasser

Ausgeglichen

Carrie ist ein sprudelnder Typ, der gern konventionelle Grenzen außer Kraft setzen möchte, dies tut sie mit einem natürlichen Selbstverständnis, dass ihre Umwelt nur so staunt.

Sie mischt Farben und Stile zu völlig neuen, zum Teil sehr gewagten Kreationen, egal ob es sich auf die Mode bezieht, Raumgestaltung oder Kunst. Sie schreibt Artikel oder malt Bilder, die sich überall in ihrem Apartment finden. Diese zeigen eine Vielfalt an Motiven, von kurios bis klassisch und von witzig bis morbide. Da sie sehr kommunikativ ist, sprudeln die fantasievollen Erklärungen der Bilder leicht und unbeschwert über ihre Lippen.

Ihr Chaos ist inspirierend und irgendwie doch nicht so unstrukturiert, wie man auf den ersten Blick glaubt. Es ist nur unkonventionell und nicht angepasst, eben schon fast genial. Wenn es um größere Projekte geht, braucht sie allerdings eine Assistenz, die sie auch bereitwillig annimmt, um eine Grundstruktur zu schaffen.

Es häufen sich bei ihr gern eine Menge Schuhe oder Handtaschen an, egal ob es der Stauraum noch verkraftet oder nicht, denn es fällt ihr schwer, sich von Dingen zu trennen.

In ihrer ersten Handtasche fanden sich schon Glückssteine und ein Vielerlei an ungewöhnlichen Dingen. Starre Regeln sind nicht so ihr Ding, aber durch ihre Beharrlichkeit findet sie häufig ihren ganz eigenen Weg zum Ziel. Willensstark und dem Fluss des Lebens vertrauend, hat sie ihre größte Kraft, da sie loslassen kann.

Spirituellen Dingen gegenüber ist sie sehr aufgeschlossen und legt selbst gern mal die Tarotkarten. Morgens liest sie gern ihr Horoskop und ist begeistert, wenn es nur Gutes verspricht, wenn nicht, schafft sie sich ihre eigene positive Lebenseinstellung.

Unausgeglichen

Wenn Carrie in einer unausgeglichenen Wasser-Energie lebt, kann dies durch zu viele Grenzen und Vorgaben zu einer starken Einschränkung führen, sodass sie das Vertrauen verliert und Ängste sich ihrer bemächtigen. Diese Planlosigkeit bringt viel Chaos in ihr Umfeld, ohne dass sie sich dessen bewusst wäre.

Alle Kraft ist dann dahin, sie wird unbelastbar, und was einst so genial erschien, wirkt nun wirr, und der Alltag kann kaum noch bewältigt werden. Nicht selten wird Alkohol dann vom kurzen Trost zum realen Problem, und das Wasser-Element taucht ab.

Yang-Störung

Übermütig, rücksichtslos, zerstörerisch

Yin-Störung

Ängste, willenlos, planlos, unbelastbar, unselbstständig, süchtig, depressiv

Lebensgefühl Holz

Ausgeglichen

Miranda ist sehr sportlich und ehrgeizig, durch ihre natürliche Art und Jugendlichkeit auch sehr beliebt. Sie braucht viel Licht und Platz, da ein enormes Potenzial an

Kreativität und Tatkraft in ihr steckt, so ist das Lebensgefühl auch impulsiv und abenteuerlustig.

Selbstständig und unabhängig ist sie in ihrer Kraft. Wettkämpfe und Turniere haben einen gewissen Reiz für sie, da sie die Herausforderung liebt und auch körperlich gern vollen Einsatz bringt. Schon seit frühester Kindheit war sie im Sportverein und spielte Handball. Ihre erste Tasche war eine Sporttasche.

Weite, Helligkeit, Luft und viel Raum braucht Miranda, darum joggt sie gern morgens oder abends mit ihrem Hund. Ihre Fönfrisur ist unkompliziert und passt zu ihrem sportlichen Outfit. High Heels sind für sie im Alltag nicht denkbar, da werden bequeme Sneakers bevorzugt. Baumwollstoffe und natürliche Materialien für den Alltag und Hightech-Mikrofaser für den Sport liebt sie.

Ihr Job ist ihr sehr wichtig, und die Karriere ist oft der Lebensmittelpunkt. Dies bekommt sie auch mit Kindern irgendwie hin, Koordination und ihr starker Wille, alles erfolgreich zu schaffen, helfen ihr dabei.

Unausgeglichen

Wenn Miranda nicht genug Bewegung hat und nicht häufig genug frische Luft bekommt, die Dinge nicht so laufen, wie sie es möchte, läuft ihr die Galle über, und dies im wahrsten Sinne des Wortes. Die Galle ist in der traditionellen chinesischen Medizin (TCM) dem Holz zugeordnet und reagiert bei Wut und Ärger.

Es werden Entscheidungen getroffen, die schwerwiegende Folgen haben, die nicht so schnell wieder zu ebnen sind. Ihre Sturheit verhindert so manchen Lösungsversuch, und es braucht eine ganze Zeit, bis die Vernunft wiederkehrt. Der Erfolg im Beruf steht manchmal im Vordergrund, und alles andere kommt später, manchmal ist es dann leider zu spät.

Yang-Störung
Workaholic, cholerisch, zynisch, aufbrausend, stur

Yin-Störung
Kommt nicht ins Handeln, verzettelt sich,
keine Ergebnisse

Typologie von Entspannung und Urlaub nach den Fünf Elementen

Auch die verschiedenen Urlaubsziele und Arten der Entspannung sind in ihrer Energie den Fünf Elementen zuzuordnen. Nicht jeder Typ erholt sich in der gleichen Umgebung gleich gut. So kann durch den Urlaub der eigene Typ unterstützt, aktiviert oder ausgeglichen werden.

Urlaubs- und Entspannungstyp Feuer

Ibiza, Los Angeles oder Monte Carlo, Party und Metropolen mit Modenschauen und Events sind genau das Richtige für die Feuer-Energie. Besonders und unvergleichlich soll es sein, gern auch sehr teuer und angesagt. Blitzlichtgewitter ist erwünscht, sodass die Selbstinszenierung auch genügend Zuschauer bekommt. Partyoutfits ohne Ende, viel Gepäck und viel Aufregung.

Urlaubs- und Entspannungstyp Erde

Mit Freunden oder der Familie ein Haus mieten und dort in wohligem Sonnenschein faulenzen. Erntezeit und Spätsommer gefallen besonders gut. Stilvoll und mit klassischem Ambiente gepaarte Orte wie an der Amalfiküste oder dem Comer See sind beliebt. Nahe gelegene Ausflugsziele mit Geschichte wie Venedig und gute Restaurants machen glücklich. Großes Gepäck, das Zuhause ein Stück mitnehmen, jedem sein Liebstes bedenken, trotzdem praktisch packen.

Urlaubs- und Entspannungstyp Metall

Vom Zen-Kloster bis zum abgeschiedenen Luxusinselurlaub ist alles drin, was Stil hat. Eine Wüstenreise oder Weiterbildungsseminare ziehen den Metall-Typ an. Sie hat einen hohen intellektuellen Anspruch an das Reiseziel. Ordentliches Gepäck wird stauraumoptimiert gepackt, und mindestens ein gutes Buch ist dabei. Es wird strukturiert gepackt und bewusst mit Wellness und Yoga entspannt.

Urlaubs- und Entspannungstyp Wasser

Alles, was mit Wasser zu tun hat, wie Baden, Tauchen und Sich-treiben-Lassen, liebt der Wasser-Typ. Kulturreisen und fremde Menschen kennenlernen, kommunikativ die Welt entdecken, zwanglos und unkonventionell andere Sitten und Gebräuche erfahren, das ist für sie besonders belebend. Spirituelle Erfahrungen zu sammeln, in sich zu gehen und zu lauschen ist eine tiefe Erfahrung für den Wasser-Typ. In seine große Beuteltasche passt alles rein, es wird impulsiv gepackt und so einiges vergessen, was aber kein wirkliches Problem ist, da man improvisieren kann.

Urlaubs- und Entspannungstyp Holz

Abenteuer und Erlebnis stehen im Vordergrund, wirkliche Erholung bringt es, Neues zu entdecken und sich dabei selbst zu spüren. Raus aus dem Alltag und neue Herausforderungen anzunehmen macht Freude. Bewegungsreiche Sportarten wie Trekking, Surfen, Mountainbiking, Wandern, in der Natur sein und die Schönheit der Welt fühlen und vielleicht die eigenen Grenzen austesten – das steht auf dem Urlaubsplan. Es wird schnell gepackt, da es wenig Gepäck gibt und dieses funktional und leicht ist, man möchte ja unabhängig bleiben.

Typologie von Partnerschaften und Beziehungen nach den Fünf Elementen

Die Partnerschaften haben eine feste Beziehungsenergie, die von den gelebten Elemente-Energien abhängig ist. So wirken die verschiedenen Elemente-Typen sehr unterschiedlich aufeinander ein. Den eigenen Grundtyp mit seinen Elemente-Konstellationen zu kennen ist sehr hilfreich, wenn man eine langfristige Partnerschaft anstrebt.

Partnerschaft Elemente-Energie Feuer

Ausgeglichen

Es muss schon richtig knistern und brennen, so ein flackerndes Auf und Ab ist nicht ungewöhnlich. Oft fällt der Spruch »Ich kann nicht mit ihm, aber auch nicht ohne«. Lebensfroh möchte die Partnerschaft genossen werden, das darf auch jeder sehen. Leidenschaft ist ein großes Thema und will voll und ganz gelebt werden.

Unausgeglichen

Wechsel sind relativ häufig, und nach der todtraurigen Phase wird sich schnell gleich wieder unsterblich verliebt. Hysterische Anfälle von Eifersucht und eine leichte Reizbarkeit sind im unausgeglichenen Feuer-Element vorhanden. Das Verliebtsein ist das eigentliche Ziel, und so ist eine gewisse Oberflächlichkeit und Sprunghaftigkeit in Beziehungen möglich.

Partnerschaft Elemente-Energie Erde

Ausgeglichen

Eine harmonische Partnerschaft ist der Wunsch des Erd-Elements. Sicherheit und Familie sind dabei wichtige Bestandteile. Langjährige Freundschaften werden regelmäßig gepflegt und die Partnerschaft darin integriert, sodass die Gemeinschaft wächst. Geborgen muss sich das Erd-Element fühlen, dann ist es schon einmal sehr zufrieden und kommt auch mit beschwerlichen Umständen klar.

Unausgeglichen

Unausgeglichen wird die Erd-Energie unbeweglich und möchte an der Vorstellung einer harmonischen Beziehung festhalten. So wird sie besitzergreifend und kann kontrollierende Züge entwickeln. Es wird viel gegrübelt und sich gesorgt, da man es allen recht machen möchte, ohne die eigene Statik dabei zu bemerken.

Partnerschaft Elemente-Energie Metall

Ausgeglichen

Dass eine ausgeglichene Metall-Energie in der Partnerschaft gelebt wird, zeichnet sich besonders dadurch aus, dass die Partner genau wissen, was sie wollen, und ihre Ansprüche an eine Partnerschaft hoch sind. Intellektuelle Aspekte und kulturelle Neigungen möchten Platz im Alltag finden. Zuverlässigkeit und ein respektvoller Umgang sind Grundvoraussetzungen in der Partnerschaft.

Unausgeglichen

Kühl, distanziert und verschlossen. Es können leicht unsichtbare Grenzen von den Partnern überschritten werden, die trennend wirken.

Partnerschaft Elemente-Energie Holz

Ausgeglichen

Offen und aufgeschlossen geht ein Holz-Typ mit Beziehungen um. Freiheitsdrang und Spontaneität werden in dieser Partnerschaft großgeschrieben. Der Beruf ist sehr wichtig, und man möchte viel erreichen, diesen Ehrgeiz und das damit verbundene Arbeitspensum muss eine Beziehung verkraften können. So kann dies nur mit sehr selbstständigen und starken Partnern funktionieren, die sich nicht gegenseitig einschränken.

Unausgeglichen

Wenn sich ein Holz-Element nicht frei entfalten kann, gerät es unter Druck und kann cholerisch, leicht aufbrausend und bestimmend werden. Die Chefallüren werden vom Beruf mit in die Partnerschaft genommen, so setzt es sich über die Wünsche anderer hinweg und geht seinen Vorstellungen rücksichtslos nach. Auch Übermut bis hin zum gefährlichen Leichtsinn in Unternehmungen treten bei Unausgeglichenheit auf.

Partnerschaft Elemente-Energie Wasser

Ausgeglichen

Die Wasser-Energie ist ein unermüdlicher Quell von Inspiration und Vielseitigkeit. Wer dies als belebend empfindet, wird am Ziel seiner Träume sein. Das Talent, zu improvisieren und neue Wege zu gehen, zeichnet sich in allen Lebenssituationen aus. Regeln zu beachten und Strukturen einzuhalten fällt jedoch sehr schwer. Tiefe Gefühle vom seichten Plätschern bis zum tosenden Tsunami sind möglich.

Unausgeglichen

Das Potenzial des Wassers ist das Fließen, doch wenn keine Struktur Halt gibt, versickert das Wasser auf der Fläche oder taucht auf unergründliche Tiefen ab. Dies bedeutet für die Partnerschaft ein gewisses Maß an Chaos und Unbeständigkeit, was unausgeglichen zu tiefer Trauer und Depression führen kann.

Besonderheiten der Elemente-Energien und ihre Wechselwirkung

Jedes Element hat eine besondere Energie, die wir, wenn sie uns in sehr ausgeprägter Form begegnet, ablehnen, kritisch empfinden und von der wir uns angegriffen fühlen, sie provoziert oder ängstigt uns sogar.

Dies ist von unserer eigenen Elemente-Energie abhängig, denn je fremder sie uns ist, desto stärker reagieren wir darauf. Doch gerade die besonders ausgeprägten Energieformen eines Elements können für die Gemeinschaft oder den Einzelnen sehr bereichernd sein.

Feuer

Mal ehrlich, ist es nicht interessant, einen Superstar oder ein Topmodel im Alltag zu sehen? Ob man sie als geschmacklos und zu sexy bewertet oder sich einfach nur freut, »Schau mal die da«, zu sagen, sie erhellen mit ihrer extrovertierten Art das Einerlei des Tages.

Ohne diese bis zum Exhibitionismus neigenden Menschen, die nicht nur Haut, sondern auch sehr viel Privates preisgeben, hätte unsere Klatschpresse nichts zu schreiben. Die Blätter sind voll mit Skandalen, hysterischen Anfällen und schamlosen Bildern. Einige Diven werden hoch verehrt und sind Vorbilder für ganze Generationen.

Die Feuer-Energie befriedigt die verborgenen voyeuristischen Züge der meist sehr normalen Leute und bringt das Schillernde und Unerreichbare belebend in den Alltag.

Erde

Wo blieben wir in unserer Freude oder Verzweiflung, wenn nicht diese statische Erd-Energie so zuverlässig immer am gleichen Platz zu finden wäre und ein offenes Ohr oder eine Schulter für uns bereithält, wenn wir sie brauchen?

Sie gibt uns durch ihre Berechenbarkeit und vertraute Struktur Geborgenheit und dadurch Halt, wenn wir mal den Boden unter den Füßen verlieren. So können wir uns wieder aufrappeln und in unsere Mitte finden. Was sonst eher langweilig und zu träge ist, entpuppt sich dann als wahrer Segen und schafft tiefe Dankbarkeit. Wir lassen die Fürsorge zu, die sonst eher lästig war, und akzeptieren die eigentlich so traditionell wirkenden Regeln, die auf einmal Sicherheit bieten.

Wärme und Vertrauen haben in unserer modernen Zeit ihren Wert behalten, auch wenn wir immer länger danach suchen müssen und erst etwas später von ihren Qualitäten überzeugt werden.

Metall

Ohne diesen sich in Details ergehenden logischen Intellekt, der eine präzise und exakte Analyse liefert, würden wir so manche Erfindung nicht gemacht haben, und einiges Chaos würde um uns herrschen.

Es ist entspannend, dass es Menschen gibt, die sich einen Kopf machen und in großen Strukturen und Zusammenhängen denken, damit wir nur noch den für uns wichtigen Teil entscheiden müssen und doch die Möglichkeit haben, das Ganze zu erfassen. Nicht alle wollen

Astrophysik verstehen, aber die Essenz einer langen Forschung, kurz und knapp zusammengefasst, führen wir uns schon eher mal zu Gemüte und fühlen uns dadurch intellektuell bereichert, auch wenn uns diese Themen sonst viel zu trocken sind. Ärzte, die bei Unfällen handeln, bei denen viele schon nicht mehr hinschauen können, sind mit ihrer Energie ein Segen und helfen mit ihrer klaren Entscheidungsfähigkeit, wo jede Sekunde zählt.

Wasser

Wie schön ist es, wenn das impulsive Wasser-Element in seinem Überschwang einfach heraussprudelt, was wir uns gedacht haben, aber nicht zu sagen trauten. Es ist ja schon fast unverschämt und tut so gut, dass es gesagt wurde, ohne dass wir uns damit outen mussten.

Unkonventionell bricht das Wasser für uns Regeln und lockert dadurch unsere manchmal zu starre und unzeitgemäße Haltung. Es bringt Dinge in den Fluss, und auch wenn es für viele nicht den ganzen Tag leicht zu ertragen ist, inspiriert fühlt man sich schon.

Provokante Kunst fördert die Kommunikation, schafft tiefe Einblicke und neue Dimensionen. Es öffnet spirituelle Welten, und wir können daran teilnehmen, wenn wir möchten, beziehungsweise ein- oder abtauchen.

Holz

Die Holz-Energien zeigen uns, was alles möglich ist im Leben, sie besteigen für uns die Gipfel dieser Erde, entdecken Kulturen im Amazonas und bauen Wolkenkratzer. Sie streben nach fast unmöglichen Zielen und beweisen uns, wozu der Mensch fähig ist.

Wir bewundern ihre Leistungen und feiern sie als Helden, dadurch erweitern sie auch unsere Möglichkeiten und Horizonte oder relativieren unsere Ängste. Wir können sogar Nationalstolz auf unsere Olympiasieger empfinden, ohne ins Schwitzen zu kommen. Fußballer werden zu Nationalhelden und begeistern die Menschen.

Teil VI
Feng-Shui-Hilfsmittel

Mit der Handtasche einen Ausgleich schaffen

Wie kann eine Handtasche ein Feng-Shui-Hilfsmittel sein?

Grundsätzlich kann alles im Leben zu einem Feng-Shui-Hilfsmittel werden, sei es ein Kaktus oder ein Haustier. Es gibt kein schlechtes Feng-Shui, sondern nur die unpassende Elemente-Energie am falschen Platz.

Ein Kaktus ist nun mal ein Kaktus, so ist seine Energie spitz und nicht sehr einladend. An der richtigen Stelle platziert, ist er ein erfolgreiches Feng-Shui-Hilfsmittel zur Abwehr übergriffiger Kollegen, die sich immer auf die Tischkante setzen oder dort ihre Unterlagen parken.

Alle Dinge und alles Leben ist den Energien der Fünf Elemente zuzuordnen, und so wird durch Ausbalancieren der Fünf Elemente in unserem Umfeld auch unser Leben harmonisiert.

Wir schauen, welches Element zu stark ist oder einen Mangel aufweist, und bringen die entsprechende Energieform, die eine Balance wiederherstellt, in das Leben ein. Ausgleich schaffen, und dies möglichst auf der Ebene, auf der die Disharmonie besteht, führt zu Harmonie und Freude.

Unausgeglichene Wasser-Element-Energie

Beispiel

Eileen ist etwas zerstreut und verlegt häufig Dinge oder verspätet sich, was ihr auch furchtbar leidtut. Aber sie findet, dass es nicht an ihr liegt, es sind immer die unglücklichen Umstände und Zufälle, die sich ausgerechnet bei ihr häufen.

Ihr Umfeld hat sich schon daran gewöhnt und rechnet gar nicht mehr damit, dass sie tatsächlich mal ganz pünktlich erscheint. Man erwartet geradezu eine fast haarsträubende Geschichte, denn bei Eileen ist immer was los.

Ihre stürmische Art, das Chaos um sie herum zu bändigen, das sie unbewusst verursacht, lässt sie immer voll beschäftigt oder zerstreut sein. Sie hat mehrere Handtaschen mit eher beutelartiger Form und unpraktischer Einteilung, wenn überhaupt eine Struktur vorhanden ist. In welcher Tasche nun gerade das liegt, was sie für den nächsten Tag braucht, findet sie eventuell noch kurz vor dem Termin heraus, und das bringt sie ganz schön in Wallung. Wenn sie dann noch fast pünktlich angerauscht kommt, teilt sie atemlos allen mit, was das wieder für ein stressiger Tag sei, und stellt fest, dass sie die Projektmappe, auf die alle warten, im Auto vergessen hat.

Resonanzprinzip

Dieses Muster trifft nicht nur auf die Handtasche zu, sondern wiederholt sich auch in anderen Lebensbereichen. Längeres Suchen und dadurch ein unausgeglichenes Wesen, das durch Kommunikation zu erklären und zu entschuldigen versucht, etabliert sich. Es bilden sich Häufchen und Türme, die freie Flächen besetzen und den Raum einnehmen. Trotzdem kommt das Wasser-Element damit noch lange ganz gut zurecht, da es seine eigene Weise hat, damit umzugehen. Irgendwann jedoch kippt dies, und im schlimmsten Fall bildet sich eine Messie-Mentalität heraus.

- Wie sieht Ihr Privatleben aus?
- Welche Art von Beziehungen führen Sie?

a) stürmisch, chaotisch, hektisch – Yang-Störung

b) ruhig, besonnen, erfreulich – Yin und Yang in Harmonie

c) langweilig, ereignislos, trist – Yin-Störung

Abhilfe

Struktur und Klarheit fehlen – Elemente-Energie Metall

Der Ratschlag, sich besser zu organisieren und sich von überflüssigen Dingen zu trennen, wird zwar als richtig erkannt, ist aber nicht leicht umzusetzen. Im Kleinen zu beginnen ist in einer solchen Situation günstig.

Das bedeutet, man beginnt mit seinem Mikrokosmos, der Handtasche. Ist man bereit für eine neue Handtasche mit Struktur?

Schon beim Einkaufen wird sich zeigen, ob Sie bereit sind für eine Veränderung. Kommen Sie nämlich mit der zehnten Beuteltasche nach Hause und konnten Sie sich nicht überwinden, eine Tasche mit klarer Einteilung und praktischen Fächern zu kaufen, dann wird es auch mit der Organisation in Ihrer Wohnung und mit Ihren Terminen nicht so einfach.

Strukturierte Tasche – Element Metall

Haben Sie es geschafft, eine Handtasche zu wählen, besteht die zweite Hürde darin, diese zu bestücken und sich zu entscheiden, was Sie brauchen und wohin es passt.

Die vorgegebene Einteilung macht Schwierigkeiten? Der Raum reicht nicht, die Fächer sind zu klein, etwas muss draußen bleiben? Kein gutes Gefühl? Oder doch ein bisschen Erleichterung, dass mal eine Grundordnung für einen klar umgrenzten Bereich entstanden ist?

Fragen Sie sich: »Was brauche ich wirklich?«

Doch diese neue Handtasche zu benutzen, die Struktur zu erhalten oder gegebenenfalls jede Woche wiederherzustellen, darin liegt die wahre Herausforderung. Wenn das gelingt, stehen die Chancen gut, diese Organisation auch auf die Wohnung zu übertragen.

Wenn die Wohnung mehr Struktur erfährt, bleibt mehr Zeit, die vorher mit Suchen verbracht wurde. So fällt es auch leichter, die Termine abzustimmen und einzuhalten.

So zieht eine Sache die nächste nach sich. Es wird Potenzial frei, das durch fehlende Aufmerksamkeit förmlich verbrannt wurde und nun für positive Aspekte im Leben genutzt werden kann.

Tipp

- *Innentasche mit Struktur anlegen und immer in die neue Wasser-Element-Tasche einpassen, Tasche-in-Tasche-Prinzip.*
- *Regelmäßig die Tasche sortieren, keine Anhäufungen zulassen.*

Unausgeglichene Holz-Element-Energie

Beispiel

Anna will zu viel auf einmal und das sofort, so stellt sie an ihr Umfeld und an sich selbst sehr hohe Ansprüche. Dass diese kaum zu erfüllen sind, liegt eindeutig an den Umständen oder an den unqualifizierten Arbeitskräften, die durch ihre Unselbstständigkeit das Projekt bremsen. Ein wenig mitdenken und Eigeninitiative ergreifen könnte man doch erwarten, oder?

Dass sich die Menschen in ihrer Umgebung leicht unter Druck gesetzt fühlen und von ihrer Dynamik eingeschüchtert sind, kommt ihr gar nicht in den Sinn. Sie hat den Ehrgeiz, ein super Projekt abzuliefern, und wirkt auf ihr Umfeld eher ungeduldig, cholerisch und aufbrausend, sodass man ihr lieber aus dem Weg geht. So wird die Kommunikation mit ihren Mitmenschen etwas schwierig, und bevor man etwas delegiert, macht man es lieber gleich selbst, da es anstrengender ist, zu erklären, was man möchte.

Durch die viele Arbeit wird der persönliche Freiraum stark eingeschränkt, und der dringend benötigte Ausgleich fehlt. Da natürlich noch einige private Projekte am Laufen sind und auch die gepackte Sporttasche im Auto ruft: »Komm, Sport ist wichtig!«, gibt es zusätzlich auch noch privaten Stress.

So unter Druck, läuft sie einige Zeit zu Höchstleistungen auf und versucht, durch Schnelligkeit und das spontane Verknüpfen von Tätigkeiten das Pensum zu bewältigen. Alles für die laufenden Aufgaben liegt in ihrer großen Tasche bereit, nur kein Leerlauf, jede Minute wird genutzt. »Ausruhen tue ich später, das muss jetzt erst abgeschlossen werden.« Der Tag hat eindeutig nicht genug Stunden, aber er wird auch nie mehr bekommen, das muss realisiert werden.

Resonanzprinzip

In der Tasche ist kein Platz mehr für persönliche, nette Dinge, da die verschiedenen Unterlagen jeden Raum verschlingen und so wichtig sind. Wenn endlich ein Projekt aus der Tasche entfernt werden kann, wird der Platz sofort mit dem nächsten gefüllt. Dadurch entwickelt sich eine Eigendynamik, sodass sie sich nicht mehr erinnern kann, was früher mal in der Tasche war, ein gutes Buch,

Schwimmzeug für einen spontanen Badeausflug, Fotoapparat für lustige Schnappschüsse und anderes.

Sie wirkt rastlos und kann sich über gut abgeschlossene Projekte und erreichte Ziele nicht mehr freuen, ihre Siege nicht wirklich genießen. Das Rauschen im Ohr oder gar ein leichter Tinnitus sind erste Warnzeichen, denen ein Hörsturz bis hin zum Burn-out folgen kann.

Abhilfe

Ausgleich durch das Element Feuer

Kleine Tasche – Element Feuer

Anna zu sagen, sie sollte mal einen Gang zurückschalten, wird kein offenes Ohr finden, denn was sie gerade macht, ist besonders wichtig und muss sein, und noch ist kein Ende in Sicht, allenfalls zeichnet sich schon das nächste Projekt ab.

Sich auf die Basis zu besinnen, Geselligkeit und Freundschaften zu pflegen, nicht nur den Erfolg im Kopf zu haben, ist schwer umzusetzen, denn Familie und Freunde zeigen ein hohes Maß an Verständnis für den Mangel an

Zeit und Aufmerksamkeit. Erst wenn Termine wichtiger als persönliche Versprechen werden, entstehen emotionale Verluste auf beiden Seiten, die unweigerlich Konsequenzen nach sich ziehen.

Die eigenen Ansprüche müssen auf ein gesundes, machbares Maß reduziert werden. Es geht eben nicht immer alles und auch nicht sofort, und zu sagen: »Das ist auch nicht schlimm!«, bietet ungeahnte Chancen. Denn wenn man nicht die Notbremse zieht: Auch bei einer schweren Krankheit läuft das Leben weiter und die Welt hört nicht auf sich zu drehen, allerdings anders als zuvor. Möchte man darauf aktiv Einfluss nehmen, sollte man frühzeitig die Warnzeichen ernst nehmen und darauf reagieren.

Eine Tasche zu kaufen und zu benutzen, in die nur ein Projekt hineinpasst, und zwar das der »Lebensfreude«, wird schon schwer werden. So eine Handtasche bedeutet, eigene Leistungen und die der anderen anzuerkennen und nach Feierabend auch ein erfülltes Privatleben zu führen.

Die allzu dynamische Holz-Energie wird durch Feuer-Energie eingeschränkt, damit wieder Luft zum Atmen und neues, gesundes Wachstum entsteht.

Tipp

– *Kaufen Sie sich eine Feuer-Element-Handtasche, die den erarbeiteten Erfolg symbolisiert, aber zu klein ist, um dort Unterlagen zu bunkern. Sie eignet sich besonders gut, um sich auch spät noch mit Freunden oder dem Liebsten in einer Bar zu treffen, damit man die Arbeit loslassen kann, bevor man nach Hause geht. Lebensfreude und positive Gefühle verändern die Prioritäten, sodass erkannt wird, was wirklich wichtig ist – das Leben.*

Unausgeglichene Metall-Element-Energie

Beispiel

Sarah ist sehr korrekt und fast schon pedantisch, sie legt sehr großen Wert auf Sauberkeit und Ordnung und zeigt auch gleich durch ein Naserümpfen, wenn etwas nicht den Formalien entspricht. Sie wird wegen ihrer Kompetenz und der präzisen, kurzen Statements geachtet, da sehr schnell klar wird, wie etwas laufen soll und was gar nicht geht. Sie ist ein sehr ruhiger Typ, der mit super organisierten Ablaufplänen und umfassenden Protokollen die aktuellen Standards durchsetzt. Ihre Kritik ist manchmal sehr hart, und selbst bei kleinen Vergehen drückt sie kein Auge zu, sondern greift kompromisslos durch.

Da sie selbst zurückgezogen lebt und wenig Persönliches von sich preisgibt, wirkt sie sehr kühl und unnahbar. Einladungen zum Schwatzen lehnt sie höflich ab, da sie Oberflächlichkeiten nicht sehr schätzt und lieber Gespräche zu intellektuellen Fachthemen führt. Sie arbeitet Dinge gern bis ins kleinste Detail aus und freut sich an Perfektion, wenn sie denn mal gefunden wird.

Sie meditiert regelmäßig und findet Ruhe in sich selbst und entspannt sich bei guter Musik. Da sie wenig braucht, trägt sie nur eine kleine Tasche für das Wichtigste, oder es reicht ihr auch die Manteltasche.

So fragt sie auch keiner um Hilfe, da sie für sich selbst schon so wenig dabeihat.

Resonanzprinzip

Sie hat keine Tasche und so für sich selbst schon wenig dabei, geschweige denn etwas für andere. Es fehlt eine gebende, sanfte Energie, die Hilfsbereitschaft und Wärme ausstrahlt. Wenn nur für das Nötigste Platz in der Tasche ist und nur nach klarer Priorität eingepackt wird, alles seinen festen Platz hat, fehlt Spielraum für bereicherndes Equipment. Wer so reduziert ist, sollte sein Herz und seine Handtasche etwas weiten.

Abhilfe

Erde bringt Wärme

Kleine Erd-Tasche

Wenn Sarah nicht auch einmal eine Bonbontüte aus der Tasche ziehen kann und eine Runde anbietet, eher noch nette Angebote ablehnt, braucht sie sich nicht zu wundern, dass sie keinen Anschluss findet. Wer so reduziert lebt, strahlt eine innere Armut aus, die nicht sehr attraktiv auf seine Mitmenschen wirkt. Wenn man dann fast alles auch noch besser weiß und sich belehrend äußert, ist es kein Wunder, wenn soziale Kontakte schwinden.

Eine Erd-Energie-Handtasche zu kaufen und dieses größere Modell mit mehr innerem Raum, gebenden Möglichkeiten und Platz für andere Menschen in sein Leben zu integrieren ist schwer. Im wahrsten Sinne des Wortes, denn diese Tasche ist schwerer und größer, und das Volumen kann nicht sofort genutzt werden.

Benutzt man diese Handtasche jedoch eine Weile und gewöhnt sich an sie, wird ganz langsam die Leere darin schwinden, und man nimmt Dinge mit, die einem selbst etwas geben, und es ist auch noch etwas für die Kollegen mit dabei.

Vielleicht wird Sarah ihre Tasche das eine oder andere Mal im Büro stehen lassen und im ersten Moment vergessen, doch in dem Augenblick, in dem sie verinnerlicht hat, nicht nur an sich zu denken, sondern auch an die Tasche, beginnt die Handtaschenmagie zu wirken, und sie wird noch viel mehr in ihr Leben integrieren.

Tipp

– *Fangen Sie mit einer dezenten, aber sehr gut verarbeiteten Erd-Energie-Handtasche an, mehr Fülle und Gemeinschaft in Ihr Leben zu bringen. Eine gut strukturierte Einteilung wird sich durchaus finden lassen, und eine Reisetaschengröße soll sie ja auch nicht haben. Tragen Sie auch mal nur einen Schal um die Schultern und genießen Sie es, alle Dinge separat und nicht am Körper zu tragen, das hat auch einen Vorteil.*

Unausgeglichene Erd-Element-Energie

Beispiel

Hannah ist eine liebe Seele, die immer allen Ansprüchen genügen möchte und Auseinandersetzungen gern aus dem Weg geht. Das Wohl ihrer Schützlinge und Mitmenschen liegt ihr sehr am Herzen, und Nein zu sagen hat sie nicht wirklich gelernt. Sie ist der ruhende Pol, der zeitweise wie eine Blockade wirken kann, da sie erst sorgenvoll alles durchdenken muss, bevor sie sich in Bewegung setzt.

Alle Dinge haben noch diverse Wiederverwendungsmöglichkeiten, und ihr Pragmatismus spart viel Geld, da sie immer neue Möglichkeiten findet, selbst sehr alte Sachen einer Nutzung zuzuführen. Doch dadurch verwaltet sie auch einen großen Fundus, von dem sie persönlich gar nichts benötigt, er aber viel Raum einnimmt.

Ihre Handtasche ist deshalb auch relativ groß und enthält sehr viele Dinge, die nicht für Hannah persönlich sind, aber an deren Notwendigkeit für sie kein Zweifel besteht und für die sie sich allein verantwortlich hält. Gern werden ihr auch so allerlei Sorgen anvertraut. Doch es gibt auch Tage, an denen sie sich wie ein Seelenascheimer fühlt und das ungute Gefühl in ihrer Mitte mit leckerem Kuchen oder Schokoriegeln beruhigt.

Dadurch entwickelt sich ein »Erdstau«, der zu einer Gewichtszunahme nicht unerheblichen Ausmaßes führen kann. In der Handtasche sammeln sich zeitweise diverse Trösterchen, von denen oft nur noch die Papierreste übrig sind. Dabei teilt sie gern und würde nie alles allein essen. Gemeinsam ist es doch so viel schöner.

Resonanzprinzip

Hannah zieht viele Dinge an, die ihr gar nicht guttun, und trägt viele Dinge, die sie nicht braucht, bewusst mit sich herum, glaubt sie doch, dafür zuständig zu sein. Es müsste schon einmal geklärt werden, was noch zu ihr gehört und was überhaupt nicht. Einige Verantwortlichkeiten liegen definitiv nicht bei ihr und können auch als übergriffig empfunden werden, denn mit dem Festhalten an diesen Strukturen wird die Eigenverantwortlichkeit anderer behindert oder eingeschränkt. Selbst wenn es ihren Mitmenschen sehr gelegen kommt, ist es für deren persönliche Entwicklung nicht förderlich.

Abhilfe

Ausgleich durch die Elemente
Metall und Feuer

Hannah braucht eine Metall-Energie-Handtasche, die sie hindert, für alle anderen mitzudenken, und in die nur die wesentlichen Dinge hineinpassen, die für sie persönlich nötig sind. Sie fängt dann langsam an, sich um ihre eigenen Grundbedürfnisse zu kümmern und nicht mehr so sehr im Außen bei ihren Mitmenschen zu agieren. Ein Blick auf ihre eigenen Bedürfnisse und Nöte, das Nach-innen-Schauen, wird durch die Metall-Energie gefördert.

Diese neue Tasche lässt sie leichter werden, da sie nicht mehr so viel mit sich herumträgt. Es passen dann auch nur noch ein paar Minzbonbons hinein und nicht mehr die Familien-Kekspackung. So verliert nicht nur die Tasche Gewicht, sondern auch Hannah.

Klein und außergewöhnlich

Struktur schafft auch Klarheit, und somit werden die Gedanken etwas gelichtet, dies vermindert das Abwägen von allen möglichen und unmöglichen Eventualitäten, und die eigene Sicherheit wird gestärkt. Man kann nicht auf alles vorbereitet sein und muss es auch nicht, das Vertrauen in sich selbst und seine innere Kraft steigt. Hannah sollte nicht mehr alles einfach nur in ihre Tasche packen, weil es noch hineinpasst oder weil es doch zu schade wäre, es liegen zu lassen. Loslassen kann auch frei machen, um dann die geselligen Aspekte von Beziehungen und auch sozialen Aufgaben in Leichtigkeit zu genießen.

Tipp

– *Kaufen Sie sich eine Metall-Energie-Handtasche, nicht zu groß, mit guter Aufteilung und nicht zu robuster Oberfläche. Sie soll nicht so viel abkönnen, ein bisschen sorgfältiger als mit der alten sollten Sie schon umgehen müssen, damit die Achtsamkeit für die Tasche und auch für sich selbst steigt.*

Unausgeglichene Feuer-Element-Energie

Beispiel

Ivonne liebt den großen Auftritt und genießt die Aufmerksamkeit, die ihr Erscheinen erregt. Dass sie beachtet wird, braucht sie wie die Luft zum Atmen, doch dafür ist sie auch bereit, etwas zu tun. Ihre Optik ist ihr extrem wichtig, und die Kleidung muss dem neuesten Trend entsprechen, am liebsten trägt sie schon das, was erst in der nächsten Saison in die Läden kommt, um sich von der Masse abzuheben. Dass sie viel Zeit braucht, bis sie das Haus verlässt, nimmt sie in Kauf und steht dafür auch gern eine Stunde eher auf. Das Ergebnis ist dann auch »en vogue«.

Auf viele Menschen wirkt dies sehr provokant und nicht dem Alltag angemessen, da von allem etwas zu viel ist. Durch das aufwendige Make-up wirkt das Gesicht etwas maskenhaft und unnatürlich, was einen arroganten Eindruck vermitteln kann. Die Schuhe sind höher, die Fingernägel länger, die Haare volumiger und die Accessoires ebenfalls echte Hingucker. Andere Frauen fühlen sich daneben wie graue Mäuse und suchen regelrecht nach Makeln. So entsteht ein unangenehmer Neidfaktor, der eigentlich unbegründet ist.

Ivonne beschäftigt sich so viel mit Mode und Kosmetik, dass ihr wenig Zeit für andere Interessen bleibt. Dies wirkt sehr oberflächlich, da ihr politisches oder soziales Engagement sich auch sehr in Grenzen hält. Durch den schnellen Wandel der Mode ist sie völlig damit ausgelastet, ihre Auftritte so zu inszenieren, dass der gewünschte

Effekt sich einstellt. Männer umschwirren sie wie Motten das Licht, was auch wieder zu vielen Eifersüchteleien seitens anderer Frauen führt. Doch während sie in der männlichen Anerkennung badet, ist ihr alles andere egal. Ihre Tasche ist immer wieder etwas Besonderes, was sie durchaus als Requisite einzusetzen versteht.

Resonanzprinzip

Wer alle Blicke auf sich zieht, wird auch genau beobachtet, so werden automatisch Beifall sowie Kritik in hohem Maß angezogen. Wer sich dem nicht gewachsen fühlt, sollte etwas bescheidener im Hintergrund bleiben.

Abhilfe

Leuchtende Erd-Energie

Erd-Energie-Tasche

Eine Erd-Energie-Handtasche mit mehr Bodenhaftung und praktischen Nutzungsmöglichkeiten holt einen wieder auf den Boden der Tatsachen zurück – wenn sich

Ivonne überwinden kann, so ein Modell zu kaufen. Das wird ihr sicherlich sehr schwerfallen, denn sie ist ihr viel zu unscheinbar und in gedecktem Braun viel zu unauffällig. Ivonnes Blick wird immer wieder von den glitzernden, opulenten Taschen magisch angezogen werden. Ihr fehlen die Extras, und die Erd-Tasche ist ihr viel zu schwer. Sie möchte leicht umherrschwirren und leuchten oder gar schockieren. Aber nicht mehr auffallen? Oh je!

Es ist nicht schlimm, ausgefallene Taschenmodelle zu lieben. Doch wenn man anfängt, mehr Geld dafür auszugeben, als man zur Verfügung hat, und sich schlecht fühlt mit seinen vielen »alten« Modellen, sodass diese, obwohl sie immer noch wunderschön sind, da sie kaum benutzt wurden, nicht infrage kommen, ist dies bedenklich.

Die Identifikation des Selbstbewusstseins mit Äußerlichkeiten macht abhängig und schwächt Ivonnes Selbstwert. Es entwickelt sich eine Sucht, die nur durch Neues befriedigt werden kann, sonst stellt sich kein Glücksgefühl ein. Und das ist es ja, wonach Ivonne strebt.

Sich auf reale Werte zu besinnen, die Ivonne Halt geben, wenn sie fallen gelassen wird, und dem trügerischen Schein zum Teil zu entsagen, kann nur langsam geschehen, wie bei einem Entzug. Dabei geht es nicht darum, nicht mehr schillern zu dürfen, sondern darum, die Bodenhaftung wiederzufinden, nachdem das Schweben genossen wurde.

Tipp

– *Für den Alltag eine Erd-Energie-Handtasche wählen und mit ein paar Glitzeranhängern aufpeppen. Der Inhalt kann so extravagant gestaltet werden, wie es Ihnen beliebt. So steht nicht das Auffallen um jeden Preis im Vordergrund, und man kann sich trotzdem unangepasst fühlen. Nach einer Weile braucht man selbst das nicht mehr, denn man weiß jetzt, man ist BESONDERS, auch ohne äußere Hilfsmittel. Durch die gehaltvollere Handtasche, die auch etwas für andere beherbergen kann, wird ein neues Potenzial sichtbar.*

Test: Entscheidungstyp

- Welche Gedanken kommen Ihnen als Erstes in den Sinn, wenn es darum geht, eine Entscheidung für ein Modell zu treffen?
- Welche Aussagen treffen zu?

Frage 1

- ☐ a) Fühle ich mich mit ihr toll?
- ☐ b) Passt sie zu meinem Alltagsoutfit?
- ☐ c) Wie ist die Verarbeitung?
- ☐ d) Ist diese Tasche mein neues Lieblingsstück?
- ☐ e) Ist sie sportlich genug?

Frage 2

- ☐ a) Welche Marke ist das denn?
- ☐ b) Passt sie zu mir?
- ☐ c) Ist der Kauf überlegt und geplant?
- ☐ d) Begeistert sie mich sofort?
- ☐ e) Wie strapazierfähig ist sie?

Frage 3

- ☐ a) Was sagen wohl meine Arbeitskollegen dazu?
- ☐ b) Gibt es noch passende Accessoires dazu?
- ☐ c) Hat sie gut strukturierte Fächer?
- ☐ d) Spricht die Aussage mich an?
- ☐ e) Wie leicht ist sie?

Frage 4

- ❐ a) Ist es auch wirklich das Neueste?
- ❐ b) Wie lange wird die wohl halten?
- ❐ c) Ist sie dezent genug?
- ❐ d) Ist es mir egal, ob ich so eine ähnliche schon habe?
- ❐ e) Passen auch meine Turnschuhe noch darein?

Auflösung:

- ❐ *a) Element Feuer*
- ❐ *b) Element Erde*
- ❐ *c) Element Metall*
- ❐ *d) Element Wasser*
- ❐ *e) Element Holz*

Wenn ein Element vorherrscht:

Feuer überwiegt:

Äußerliche Aspekte zählen mehr als wirklicher Nutzen.

– *Trendtyp*

Erde überwiegt:

Beständigkeit und ein Gesamtkonzept bilden die Basis der Entscheidung. Wägt Mode, Nutzen und Kosten gegeneinander ab.

– *Kompromisstyp*

Metall überwiegt:

Hohe Qualität und individueller Anspruch müssen stimmen, rationale Entscheiderin.

– *Qualitätstyp*

Wasser überwiegt:

Unterstützt gern Kunsthandwerk aus aller Welt.

– *Impulsivtyp*

Holz überwiegt:

Wenn eine neue Tasche gebraucht wird, wird sie besorgt. Hängt nicht sehr emotional am alten Stück. Entscheidung wird dem Nutzen untergeordnet.

– *Aktivtyp*

Aussage der Handtasche

Klein, edel und extravagant – Feuer

- Liebt es, im Mittelpunkt zu stehen, und sucht Aufmerksamkeit, liebt Spaß.
- Reiche ich aus oder muss ich mit Hilfsmitteln nachhelfen, um zu strahlen und aufzufallen?

Groß und teuer – Feuer

- Stellt sich beziehungsweise die Tasche in den Vordergrund.
- Selbstzweifel oder Selbstüberschätzung?
- Wie viel bin ich mir selbst wert?
- Wie viel Wertschätzung, Achtung, Anerkennung und Respekt bekomme ich, gebe ich mir?

Kompakt und voll – Erde

- Sucht Sicherheit, nimmt ihr Zuhause mit.
- Sorge, nicht auf alles vorbereitet zu sein.
- Denkt mehr an andere als an sich und ist bereit, dafür auch eine Last auf sich zu nehmen.
- Wie viel brauche ich eigentlich für mich?
- Abgrenzungsproblematik, Helfersyndrom.

Klein bis nicht vorhanden – Metall

- Aussage: Ich brauche nichts und niemanden und auch nichts für andere.
- Wie viel gebe ich mir?
- Wie viel Fülle ist in meinem Leben?

Leicht und groß – Holz

- Vielseitig und unkompliziert, unternehmungslustig.
- Bin ich weiblich? Fühle ich mich als Frau oder als Kumpel?
- Ist Sport ein Ausgleich oder eine Flucht?

Teuer und dezent, zeitlos – Metall

- Ich bin es mir wert und weiß, was ich will, entspannt.
- Habe ich genug Spaß?
- Bisschen zu nüchtern oder kopflastig?

Groß und unkompliziert – Wasser

- Ich möchte viel, bin an allem interessiert und will mich nicht entscheiden.
- Weiß ich, was ich wirklich brauche, wer ich bin?

Quick-Check:
Wie viel Fülle haben Sie im Leben?

– Wie und womit ist meine Tasche gefüllt?

Gefüllt mit:

- ☐ a) Arbeit
- ☐ b) Freude
- ☐ c) Leben
- ☐ d) Liebe
- ☐ e) Müll

Teil I

– *Schreiben Sie oder/und Ihre Freundin auf, welchen Inhalt Ihre Tasche jetzt hat, ohne nachzuschauen.*

Teil 2

– *Schreiben Sie auf, was Sie immer bei sich haben oder dabeihaben möchten.*

Teil 3

– *Nehmen Sie Ihre Tasche und schütten Sie ihren Inhalt vor sich aus.*
– *Streichen Sie alles, was tatsächlich in Ihrer Tasche ist und was Sie in ihr wähnten.*
– *Prüfen Sie die Unterschiede.*

Teil 4

– *Prüfen Sie die Restmenge, alles, was übrig geblieben ist, ordnen Sie sie in zwei Kategorien:*

negativ: *alte Bons, abgelaufene Kinokarten, alte Kekse aus dem Restaurant, vertrockneter Labello*

positiv: *alles, was Sie persönlich unterstützt, nur nicht immer mitgeschleppt werden muss, Akku, Ersatzteile etc.*

Auflösung:

Wahrheit und Wunschdenken, wie nah liegt dies zurzeit bei Ihnen zusammen?

– *Wissen Sie Bescheid, wie es in Ihrer Handtasche aussieht?*

Zu Teil 1:

Waren Sie überrascht, was alles darin war, von dem Sie nicht wussten, dass Sie es mit sich herumtragen?

- *Wie bewusst sind Sie sich in Ihrer Lebenssituation?*
- *Haben Sie einen Überblick über Ihr Leben oder glauben Sie nur, dass Sie ihn hätten?*

Zu Teil 2:

Falls weniger drin war, als Sie dachten, und Wesentliches fehlte?

- *Umgang mit den eigenen Bedürfnissen überdenken: Fehlt mir auch im Leben etwas, was mir erst zu spät auffällt?*

Zu Teil 3:

Waren kaputte Dinge in Ihrer Tasche?

- *Was ist bei Ihnen sonst noch nicht ganz in Ordnung? Wohnung genauer prüfen? Ihr Leben?*

Zu Teil 4:

Tragen Sie unnötigen Ballast mit sich herum?

- *Wie voll ist Ihre Wohnung? Könnte da auch mehr Leichtigkeit einziehen?*
- *Was macht Ihr Gewicht?*

! Es ist günstig, diesen Fragen einmal nachzugehen und sie sich heute und in einer Woche noch einmal zu stellen. Werden Sie sich bewusst.

Optimaler Handtascheninhalt

Hier die wichtigsten Dinge, die in jede Handtasche gehören, am Beispiel des ausgewogenen Mittels.

Haben Sie weniger drin, dann sind Sie gut strukturiert oder schon zu sehr reduziert. Dies trifft bei ausgeprägten Metall-Element-Typen zu, denen dies schon viel zu viel Inhalt ist.

Überprüfen Sie sich selbst. Ein Erd-Element-Typ käme mit diesem Inhalt nicht aus, sollte aber versuchen, nicht weit über diesem Mittel zu liegen. Wasser-Element-Typen ist oft nicht klar, was sie mit sich tragen, dies sollten sie öfter mal überprüfen. Regelmäßiges Sichten des Tascheninhalts ist allen Elemente-Typen immer zu empfehlen.

In eine Handtasche gehören:

- Schlüssel
- Timer und Stift
- Handy
- Portemonnaie
- Sonnenbrille
- Make-up: Lippenstift/Labello
- Puder/Rouge, Wimperntusche

- Kamm
- Nagelfeile
- Parfum
- Minzbonbons
- Tempo
- Herz

Organisationshelfer für Handtaschen

Natürlich braucht man nur immer alles in ein entsprechendes Fach in der Handtasche zu verstauen, und das Gesuchte wird man dort mit einem Griff wiederfinden. Dies ist jetzt der Metall-Energie-Tipp, der von anderen Elemente-Energien zwar für logisch, aber nicht für praktikabel gehalten wird.

Wenn es so einfach wäre, dann würden wir immer alles gleich finden und wüssten, wo es ist. Für alle, die in dieser Hinsicht noch Bedarf haben (siehe Testergebnis), hier ein paar Tipps.

- Schlüssel

a) Nur Taschen kaufen, die eine gut zugängliche Außentasche mit Reißverschluss haben.

b) Taschen bevorzugen, die eine für Ihren Schlüsselbund geeignete Innentasche haben.

c) Schlüssel an eine Kette oder ein langes Lederband hängen und dies mit einem Karabiner an der Taschenaußenseite befestigen. Durch Ziehen kommt er immer wieder aus den Tiefen hervor. Besonders günstig für Wasser-Element-Handtaschen.

d) Besonders großer Schlüsselanhänger aus leicht tastbarem Material.

- Handy

a) Nur Handtaschen mit Innenfach fürs Handy kaufen.

b) Separate Handytasche in die Handtasche fest integrieren.

c) Handtasche mit Außenfach.

d) Handytasche mit Schutz, individuellem Design, Schutz vor Strahlung.

- Geld

a) Portemonnaie immer in einer Seiten- oder Mitteltasche mit Reißverschluss deponieren.

b) Nur Außentaschen mit Reißverschluss an der Körperseite der Handtasche nutzen.

- Make-up

Lippenstift und Puder nie lose in die Handtasche werfen, bei sich öffnender Kappe droht eine irreparable Verschmutzung.

a) Lippenstift in eine einzelne Lippenstiftbox mit integriertem Spiegel legen.

b) Verschließbares Stoffsäckchen für Utensilien.

c) Separate Make-up-Tasche mit Reißverschluss oder Klettband anlegen.

• Tasche in Tasche

Grundsätzlich sollten zusammengehörende Artikel wie Kamm und Make-up oder Papiere, Timer und Geld in separaten Fächern sortiert untergebracht werden.

Dies geht in unterteilten Innentaschen besonders gut. Viele schöne Taschen bieten aber nur einen Großraum, dieser Nachteil kann durch externe Ordnungshelfer-Taschen ausgeglichen werden.

Dieses Tasche-in-Tasche-Prinzip ermöglicht einen schnellen Wechsel der Handtaschen und eine bleibende Ordnung.

• Taschenhalter

Um Taschen in Cafés oder Restaurants nicht auf dem Boden herumstehen zu lassen, gibt es Taschenhalter, die durch das Gegengewicht die Tasche am Tisch hängen lassen. So sind sie sicher und werden auch nicht vergessen.

• Taschenbeutel

Zum Schutz von tollen Taschen immer mit Zeitungspapier oder Ähnlichem ausgestopft in einem Staubbeutel lagern. So bleiben sie noch lange in Form und sind geschützt. Gut geeignet für Saisontaschen.

Elemente-Energien und Wechselwirkung

Wie Sie bis jetzt schon festgestellt haben, sind die Fünf-Elemente-Energien in vielschichtiger Tiefe zu finden. Kann man diese erst einmal zuordnen und unterscheiden, sind sie nützliche Ratgeber für unseren Alltag.

Doch wie sieht es aus, wenn Sie gern einen Rat von einer Freundin einholen möchten, da Sie sich mit Ihrer Entscheidung unsicher sind. Egal ob es um Partnerschaft, Urlaubsziel, Wohnung, Einrichtung oder Job geht, fragen Sie sich mal:

- Welche Elemente-Energie leben Sie zurzeit?
- Welche Elemente-Energie möchten Sie leben?
- Welche Elemente-Energie lebt Ihr Berater?

Ihr Berater bringt seine eigene Energie unweigerlich in die Bewertung der Situation ein, so kann eine neue Sichtweise einfließen, die bereichernd wirkt. Prüfen Sie dennoch vorher, was »SIE« wünschen und was Sie für ein Entscheidungstyp sind.

Entscheidungstypen nach den Elemente-Energien

Metall-Energie-Typen

treffen lieber allein ihre Wahl, nachdem sie einige Zeit darüber nachgedacht haben, und schließen den Kauf zügig ab.

Holz-Energie-Typen

entscheiden sich zügig und lassen sich eventuell kurz fachlich beraten.

Erd-Energie-Typen

überlegen lange und trauen sich nicht, impulsiv zu handeln. Sie haben Angst, zu viel Geld für sich auszugeben.

Wasser-Energie-Typen

entscheiden sich gern spontan und tauschen auch gern wieder um, bis sie mit dem Ergebnis zufrieden sind.

Feuer-Energie-Typen

lassen sich von ihrer eigenen Begeisterung tragen und finden bald wieder etwas Neues.

Situation:

Angela möchte eine neue, tolle Handtasche und kann sich zwischen den Modellen nicht klar entscheiden.

Metall-Energie

Wenn Ihre Freundin viel Metall-Energie hat, werden Sie gut beraten sein, da diese rational und objektiv unter Berücksichtigung Ihrer finanziellen Situation agiert. Es kann sogar sein, dass sie Ihnen eindringlich vom Kauf abrät.

Sie zeigt Ihnen höchstwahrscheinlich auch ein richtig gutes Geschäft, das Handtaschen führt, die Ihrem Anspruch gerecht werden, und in dem Sie eine hochwertige Qualität bekommen, für die es zu sparen lohnt.

Erd-Energie

Günstig für das Budget ist es in jedem Fall, wenn Sie eine Freundin mit viel Erd-Energie berät, da diese sehr praktisch und bodenständig ist.

Die Empfehlung, den Kauf zu verschieben und auf eine bessere finanzielle Situation zu warten oder einen Kompromiss einzugehen und schon einmal das passende Portemonnaie zu kaufen, entspricht ihrer Art. Diese Entscheidung findet dann in einem netten Café ein würdiges Ende.

Holz-Energie

Wenn Sie die Auswahl der Handtasche unter funktionalen und ökologischen Aspekten treffen wollen, ist eine Freundin mit viel Holz-Energie eine gute Beraterin.

Sie wird Ihnen nach einem kurzen Check ihre Meinung mitteilen und will dann auch zum nächsten Programmpunkt des Tages übergehen, nämlich die Tasche bei einem Spaziergang ausführen und für ein kleines Picknick gleich nutzen. Danach hat sie sicher noch einen Termin oder muss zum Training.

Feuer-Energie

Wollen Sie genau wissen, wer dieses oder ein ähnliches Modell trägt oder wo dieser Trend gerade angesagt ist, dann sind Sie bei einer Freundin mit viel Feuer-Energie gerade richtig. Es wird die Entscheidung nicht wirklich erleichtern, aber die It-Shops der Umgebung kennen Sie dann bestimmt.

Wenn Sie sich nicht trauen, das ungewöhnlichere Modell zu wählen, werden Sie motiviert und bekommen ihre volle Unterstützung, oder sie kauft sich diese Handtasche selbst und Sie nehmen das schlichtere Modell. Bei einem Glas Prosecco wird dieser Einkauf würdig gefeiert, und die Sache mit dem Budget wird sich schon regeln.

Wasser-Energie

Möchten Sie einen ausgiebigen Shoppingbummel auch noch durch die umliegenden Geschäfte machen und Ihren Impulsen nachgehen, ist eine Freundin mit viel Wasser-Energie genau richtig.

Eine große Entscheidungshilfe wird Ihre Freundin zwar nicht sein, aber dafür werden Sie sehr inspiriert und kaufen sich einige Dinge, an die Sie vorher noch nicht gedacht hatten. Wahrscheinlich keine Handtasche, aber dafür war der Tag so kommunikativ und belebend, dass dieses kleine Detail keine Rolle spielt.

Was für eine Unterstützung wollen oder brauchen Sie wirklich?

Jede Elemente-Energie hat ihre Vorteile und situationsabhängig ihre eigene Sicht auf die Dinge.

Wollen Sie nur eine Bestätigung, jemand, der Sie zur Vernunft bringt, einen Menschen als Gesellschaft, weil ein Bedarf besteht, einen guten Kauf tätigen oder einfach nur sich selbst eine Freude machen und ohne Mahnungen oder Bedenken genießen? Das sollten Sie vorher für sich klären, denn sonst kann es trotz bester Absicht ganz anders kommen als gewünscht.

Welche Handtasche trägt Ihre Freundin?

Gewichtige Taschen

Es ist kaum zu glauben, wie schwer einige Handtaschen sind. So verdienen sie eher den Namen »Hanteltasche«. Zwischen drei bis fünf kg sind keine Seltenheit. Prüfen Sie doch mal das Gewicht Ihrer aktuellen Tasche, ohne Inhalt und mit.

Viele Frauen nehmen zwar die Rücken- oder Schulterschmerzen zur Kenntnis, doch es veranlasst sie nicht, über ihre Tasche nachzudenken.

Je höher die Absätze der Schuhe sind, desto stärker wirkt das Taschengewicht auf die Statik, wir geraten aus der Balance und aus unserer Mitte.

Sind Sie in Ihrer Mitte?
Fühlen Sie mal genau in sich hinein:

- Hängt eine Schulter mehr als die andere?
- Haben Sie starke Nackenverspannungen?
- Wie fühlt sich Ihr unterer Rücken an?
- Spüren Sie Ihre Hüfte, Knie oder Gelenke?
- Sehen Ihre Füße belastet aus?
- Fühlen Sie sich leicht oder beschwert?

Wie sieht Ihre Tasche aus?

- Ist sie auch schwer, belastbar und eingeknickt?

Dann ist es Zeit für was Leichteres.

Was die Handtasche über Sie aussagt

Mit der Wahl der Handtasche zeigen Sie mehr von Ihrem Leben, als Sie für möglich halten.

- Teuer und selten: Selbstwert wird unterstützt.
- Gute Qualität: Selbstachtung und eigene Wertschätzung.
- Elegant und nobel: innere und äußere Reife.
- Praktisch und strapazierfähig: Es gibt viel zu tun.
- Leicht und funktional: aktiv, unbeschwert.
- Außergewöhnlich auffällig: außergewöhnliches Selbstbild.
- Naturmaterialien: ökologisches Bewusstsein.
- Schrill und krass: unangepasst, will provozieren.
- Gut gepflegt und in Schuss: achtet auf sich, bewusst.

- Bunt und blumig: Lebensfreude und Romantik.
- Billig und aus der Mode: arm und abgefunden.
- Kaputt und verschlissen: Wie fühlen Sie sich?
- Schlicht und zu groß für die eigene Körpergröße: verstecken.
- Auffällig und zu groß für die eigene Körpergröße: überschätzt sich selbst.
- Nicht zu der Kleidung/zum Stil passend: Was will ich, wer bin ich?
- Zu klein für den aktuellen Bedarf: Realisiere ich meine jetzige Lage?
- Klein und bescheiden: Beschränke ich mich im Leben vielleicht zu sehr?
- Ständiger Wechsel: unbeständig, auch in Beziehungen und im Job?
- Ansammlung: festhalten. Was lassen Sie nicht los?
- Zu viele Dinge für andere: Ballast – Gewichtsprobleme?
- Nur ein Modell in mehreren Farben: etwas eingefahren im Leben, Abwechslung fehlt.
- Lange keine mehr gekauft: Wie impulsiv sind Sie?
- Nur alte Handtaschen: Bin ich im Hier und Jetzt oder lebe ich in der Vergangenheit?
- Nur der Mode folgen: oberflächlich, auch in Beziehungen und in der Arbeitshaltung?

Feuer-Element-Handtasche

Erhöht die Außenwirkung und stärkt das Selbstbewusstsein. Lenkt den Blick auf die Person aber nur oberflächlich, zieht den Blick auf die Handtasche, je nach Auffälligkeitsgrad der Feuer-Energie.

Erde-Element-Handtasche

Bringt Sicherheit und strahlt Hilfsbereitschaft aus. Vermittelt Ruhe, Beständigkeit, Wärme und Geselligkeit.

Metall-Element-Handtasche

Alles im Griff, kompetent und pünktlich. Gut organisiert und kann Verantwortung tragen. Repräsentativ für den Job, klar und entschieden.

Wasser-Element-Handtasche

Locker lassen und Freude haben, unverkrampft, leicht fließend. Inspiration fördern, in seine eigenen Tiefen gehen. Fördert die Kommunikation.

Holz-Element-Handtasche

Sportlich und dynamisch, bietet ungeahnte Möglichkeiten und bringt Freiheit und Abenteuer ins Leben. Kreativ und aktiv.

Element des Geburtsjahres

Nach dem chinesischen Kalender ist jedes Jahr einem der Fünf Elemente zugeordnet.

Ihr persönliches Geburtsjahreselement können Sie in der nachfolgenden Tabelle finden.

Chin. Neujahr	Element	Chin. Neujahr	Element	Chin. Neujahr	Element
27.01.1941	Metall	09.02.1967	Feuer	23.01.1993	Wasser
15.02.1942	Wasser	30.01.1968	Erde	10.02.1994	Holz
05.02.1943	Wasser	17.02.1969	Erde	31.01.1995	Holz
25.01.1944	Holz	06.02.1970	Metall	19.02.1996	Feuer
13.02.1945	Holz	27.01.1971	Metall	07.02.1997	Feuer
02.02.1946	Feuer	15.02.1972	Wasser	28.01.1998	Erde
22.01.1947	Feuer	03.02.1973	Wasser	16.02.1999	Erde
10.02.1948	Erde	23.01.1974	Holz	05.02.2000	Metall
29.01.1949	Erde	11.02.1975	Holz	24.01.2001	Metall
17.02.1950	Metall	31.01.1976	Feuer	12.02.2002	Wasser
06.02.1951	Metall	18.02.1977	Feuer	01.02.2003	Wasser
27.01.1952	Wasser	07.02.1978	Erde	22.01.2004	Holz
14.02.1953	Wasser	28.01.1979	Erde	09.02.2005	Holz
03.02.1954	Holz	16.02.1980	Metall	29.01.2006	Feuer
24.01.1955	Holz	05.02.1981	Metall	18.02.2007	Feuer
12.02.1956	Feuer	25.01.1982	Wasser	02.02.2008	Erde
31.01.1957	Feuer	13.02.1983	Wasser	26.01.2009	Erde
18.02.1958	Erde	02.02.1984	Holz	14.01.2010	Metall
08.02.1959	Erde	20.02.1985	Holz	03.02.2011	Metall
28.01.1960	Metall	09.02.1986	Feuer	23.01.2012	Wasser
15.02.1961	Metall	29.01.1987	Feuer	10.02.2013	Wasser
05.02.1962	Wasser	17.02.1988	Erde	31.01.2014	Holz
25.01.1963	Wasser	06.02.1989	Erde	19.02.2015	Holz
13.02.1964	Holz	27.01.1990	Metall	08.02.2016	Feuer
02.02.1965	Holz	15.02.1991	Metall	28.01.2017	Feuer
21.01.1966	Feuer	04.02.1992	Wasser	16.02.2018	Erde

Warum frau verschiedene Handtaschentypen braucht

Frauen sind sehr emotionale Lebewesen, und diesen Vorteil sollten sie auch nutzen und in den verschiedenen Grundenergien zum Ausdruck bringen.

Der Anspruch, für jeden Anlass perfekt ausgestattet und unterstützt zu sein, ist ein Privileg, das definitiv auszuleben ist und einen durch bewusstes Handeln und Aufmerksamkeit sich selbst näherkommen lässt. Kultivieren Sie diesen Blickwinkel auf sich und lernen Sie sich selbst kennen und reflektieren Sie das, was Sie tun und im Leben wählen.

Wir wählen nicht nur die großen Dinge im Leben. Viele kleine Dinge entscheiden wir jeden Tag, und diese Entscheidungen bilden die Summe unseres Glücks.

Jede der Fünf-Elemente-Energien in Form einer Handtasche sollte eine Frau mindestens besitzen, denn das Fehlen einer Energieform bedeutet auch einen Mangel an dieser Energie im Leben. Das strukturgebende Element Metall in unterschiedlichster Form ist für alle Handtaschen grundsätzlich zu empfehlen.

Handtaschen sind Feng-Shui-Hilfsmittel, die individuell und ganz persönlich auf Sie angepasst werden können, wie ein maßgeschneidertes Kleidungsstück. Denn damit fühlt man sich schön, frei und beschützt und glücklich.

Aktivieren Sie Ihre Energiemischung für Glück und Lebensfreude.

Vorsicht!

Dabei gilt nur zu beachten: Wenn der Stauraum oder die finanziellen Möglichkeiten erschöpft sind, ist Einhalt geboten. Wenn Sie den Überblick verlieren, sind es zu viele. Dann sollten Sie schauen, welche Sie wirklich gern und häufig benutzen.

Überflüssige Handtaschen sind dann nur Ballast. Diese können verkauft werden, und aus den Einnahmen von drei alten Handtaschen kann ein neues Modell erworben werden. Das schafft Platz und macht Freude. Handtaschen-Auktionen und das Weitergeben an neue begeisterte Nutzer bringt auch eine gute Energie.

• • Ausnahme:

Ein Metall-Element-Typ, der seine Metall-Energie lebt und sich dabei wohlfühlt, weiß nicht wirklich, wovon ich hier schreibe. Gratulation, wenn man sich klar für ein Modell entschieden hat und weiß, man braucht maximal nur eine Tasche, findet diese toll und ist über Jahre glücklich mit ihr (so etwas gibt es, aber selten). Wir anderen bräuchten ein wenig davon, damit die Schränke nicht aus den Fugen platzen, aber wir haben viel öfter Spaß.

Empfehlung

Ich möchte bei allem Konsum, dem auch durchaus etwas Positives anhaftet, gern darauf hinweisen, dass Nachhaltigkeit in unserer Zeit ein wichtiges Thema ist.

So bedenken Sie, bevor Sie sich eine neue Handtasche kaufen, auch mal, wie, wo und von wem diese hergestellt wurde und aus welchem Grundmaterial sie besteht. So erhöht eine gute Verarbeitung auch die Lebensdauer. Die Entscheidung für eine wertige Handtasche ist auch eine gute Entscheidung für sich selbst. Dabei liegt der »Wert« im Auge der Betrachterin.

Es gibt ebenso wunderbare Naturmaterialien oder Recyclingprodukte, die nicht die Umwelt belasten. Tolle Beispiele dafür sind Naturfilztaschen aus hochwertigem Material und mit modernen Schnitten, wie bei »Die Tasche« oder die »Glückskeks-Tasche«. Bunte Taschen von Ollin sind aus Bonbonpapier in einer alten Flechttechnik der Maya hergestellt, und Stef Fauser verarbeitet sogar alte Fahrradschläuche mit Naturfilz zu markanten Messenger-Bags.

Wenn man sich mal umschaut, gibt es so viele tolle Ideen von jungen Designern: etwa die Verwendung alter Airbags oder von Kostümen aus dem Theaterfundus bis hin zu alten Bauerntischdecken. Mal individuell zu sein kann sich lohnen.

Erweiterbare Systeme

Erweiterbare Systeme helfen, dass die Taschen nicht überhandnehmen und man sich langsam auf seine Bedürfnisse einstellen kann.

CHI CHI FAN hat schon gute Energie im Namen. Die breite Farbpalette von 15 Farben bietet für alle Elemente etwas, besonders für Feuer und Wasser.

Die vielen kleinen Helfertaschen aus der Kollektion ermöglichen ein persönliches Ordnungssystem. Ebenso sind die verschiedenen Größen eines Modells genial für das Holz- und das Erde-Element. Das pure Design verführt sogar das Metall Element und unterstützt auch alle anderen Elemente. Dabei lässt es genug Spielraum für Individualität bei super Verarbeitung. Einfach toll!

••••••

Große Designer vertreten grundsätzlich das Element Feuer und lassen so manches Herz höher schlagen. Das kann wunderbar sein, doch ohne Bewusstsein macht das auch nicht glücklich.

Handeln Sie bewusst und seien Sie sich Ihrer selbst bewusst, das ist der erste Schritt zum Glück.

Teil VII
Männertaschen

Männer tragen Taschen in der Regel nicht als Accessoire, so wie Frauen es tun. Sie verstauen alles ihnen Wichtige meistens in ihren Hosen- und Jackentaschen. Die Ausbuchtungen in den Gesäßtaschen sind allerdings äußerst unvorteilhaft und verschleißen die dort platzierten Dinge, wie Geldbörsen durch ständiges Draufsitzen. Gefüllte Innentaschen lassen die Form der Jacke einknicken und hängen, sodass ein stilbewusster Mann mit Niveau dieses Problem mit einer coolen Männertasche löst.

Mittlerweile gehört die Tasche für den Mann zum guten Ton, und viele Luxus- und Sportlabels zeigen dies in Herrenkollektionen auf den Modeschauen der Metropolen.

Taschen für Männer haben sich sehr verändert, die mindestens DIN-A4-Größen-Regel wird aufgelöst, und Farbe darf es auch ruhig sein. Die Tasche avanciert zum neuen Statussymbol und wie Uhren oder Autos nur in einer neuen Variante.

Der moderne Mann emanzipiert sich und kommt auch dahinter, dass es sehr komfortabel sein kann, etwas mehr Stauraum zur Verfügung zu haben als nur für die Minimalausstattung, bestehend aus Geldbörse, Handy und Schlüssel.

Doch was sagt die Tasche für den Mann über ihn aus? Natürlich mehr, als er glaubt.

Welchen Typ Mann suchen Sie?

1. Ein Mann, der handeln kann

- **Element Holz:** Abenteurer, Freigeist – tun
- Beruf: Architekt, Fitnesstrainer, Bauleiter, Selbstständiger, Handwerker
- Tatkräftig, sehr sportlich, spontan, die Natur liebend, kreativ, selbstständig, unabhängig, freiheitsliebend, bewegen, bauen

2. Ein Mann, der fürsorglich ist

- **Element Erde:** Partner, Helfer – denken
- Beruf: Physiotherapeut, Psychologe, Altenpfleger, Mediator, Berater
- Partner fürs Leben, zuverlässig, sozial, kinderfreundlich, familiär, ruhig, gemütlich, traditionell, gesellig, sitzen, zuhören, Wärme, Zärtlichkeit

3. Ein Mann, der entscheiden kann

- **Element Metall:** Purist – ordnen
- Beruf: Anwalt, Arzt, Ingenieur, Wissenschaftler, Banker, Analyst
- Gut situiert, klar, kühl, intellektuell, Konzentration, Brillanz, strukturiert, still, leise, pur

4. Ein Mann, der reden kann

- **Element Wasser:** Kommunikation, Kunst
- Beruf: IT-Branche, Werbung, Film, Künstler, Reiseleiter, Händler, Kaufmann
- Fantasievoll, unkonventionell, flexibel, Lebenskünstler, Chaot

5. Ein Mann, der genießen kann

- **Element Feuer:** Leidenschaft, Playboy, Visionär – begeistern
- Beruf: Schauspieler, Moderator, Jetset, Unterhalter, Gastgeber, Gallerist, Produzent, Model
- Viel Feiern, lieben, Lebensfreude, hohe Außenpräsenz, Extravaganz, Leichtfüßigkeit, Begeisterung

Taschentypen

Alle Menschen sind in der Regel Mischtypen mit einer starken Gewichtung oder leichten Tendenz zu einem Grundtyp. Hier werden ein paar klassische Grundtypen vorgestellt.

Hosentaschen-Grundtyp

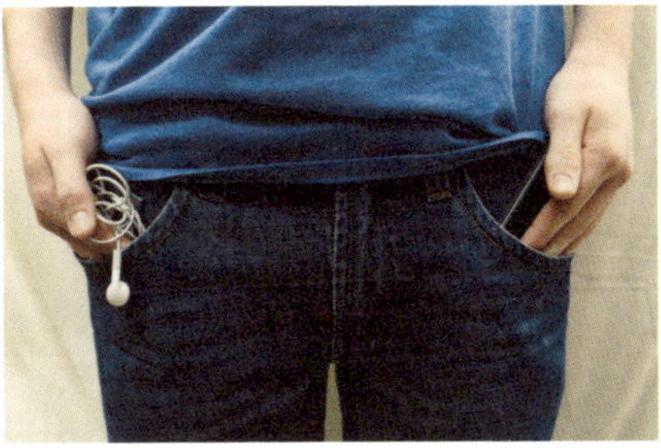

Was nicht in die Hosentaschen hineinpasst, wird auch nicht wirklich gebraucht.

Eine Tüte oder ein Leinenbeutel sind schließlich bei Bedarf überall erhältlich.

Dieser Typ vermeidet es, Verantwortung zu übernehmen, und möchte noch völlig unabhängig bleiben. Kein unnötiger Ballast oder gar für andere mitdenken/tragen, lieber auf etwas verzichten und so alles schön überschaubar lassen.

Typ Metall: Purist oder noch unentschieden, wo der Lebensweg hingeht (Kind).

Beuteliger Rucksack: Typ Lebenskünstler

Element Wasser

Dieser Typ ist sehr unkompliziert und unkonventionell. Ordnung ist nicht seine Stärke, er liebt es lässig und stellt keine hohen Ansprüche an sein Umfeld oder sich selbst. Gern lässt er sich treiben und plant seinen Tagesablauf nicht, sondern lässt das Geschehen auf sich zukommen. Zum Chillen und für überraschende Situationen ist er der optimale Partner.

Gegen besonders verantwortliche Aspekte und finanzielle Anreize scheint er immun zu sein. Er ist ein inspirierender Freund und ein guter Kommunikator, der immer wieder auch in schwierigen Situationen Lösungen findet und so überrascht. Besonders gut kann er seine Stärken als Freiberufler einsetzen. Für Routineaufgaben ist er weniger prädestiniert.

Er kann gut improvisieren, denn das tut er gern und erfolgreich. Meist bleibt ihm bei seiner Lebenseinstellung auch kaum etwas anderes übrig. Damit inspiriert er jedoch sein Umfeld und bleibt auch offen für alles Erdenkliche und Unglaubliche.

Partnerschaft

Sind Sie selbst locker und entspannt und hassen Eintönigkeit, sind Sie kein Ordnungsfreak und lieben es, ungebunden im Fluss des Lebens zu schwimmen, dann kommen Sie gut mit diesem Typ klar und schätzen es, einfach so akzeptiert zu werden, wie Sie sind.

Sehnen Sie sich aber selbst ein wenig nach Unterstützung und Struktur, da Sie sich heillos verzettelt haben, ist dies eine eher ungünstige Paarung, da Sie sich nicht ergänzen oder ausgleichen.

Unausgeglichen neigt dieser Typ zu einer für viele kaum zu ertragenden Unordnung, zu Unpünktlichkeit und Chaos, wofür er immer wieder eine Ausrede hat.

Aktenkoffer-Typ: Erfolgsmensch, CHEF
Element Metall

Dieser Typ ist meist gut organisiert und legt Wert auf Details. Eselsohren in Unterlagen sind ihm ein Graus, so sind ihm Ordnung und Sauberkeit sehr wichtig. Eine Grundstruktur zu schaffen und die Planung von Abläufen zu optimieren, das liegt ihm im Blut. Technikbegeisterung spiegelt sich auch im Sicherheitsaspekt bei Daten und Updates sowie Schlössern oder Geheimfach am Koffer.

Er ist eher introvertiert und intellektuell. Dass Qualität seinen Preis hat, ist ihm völlig klar, und er ist auch bereit, dafür zu zahlen. Eine hohe Anspruchshaltung gegenüber sich selbst und seinem Umfeld können ihn kühl bis arrogant wirken lassen, strahlen aber auch Kompetenz und Würde aus.

Normalerweise liebt er das Understatement, dezent, aber mit Anspruch. Je edler der Aktenkoffer, desto sicherer weiß dieser Typ genau, was er will und warum und dass er es verdient hat.

Spontaneität und Leichtigkeit sind nicht so stark ausgeprägt und finden nur selten genug Ausdruck in der knappen Freizeit, da er häufig viele Verpflichtungen sehr ernst nimmt. Durch seine Bereitschaft, Verantwortung zu übernehmen, ist er ein wichtiges Mitglied der Gesellschaft.

Partnerschaft

Lieben Sie klare Regelungen und hassen Überraschungen, dann sind Sie mit diesem Typ gut bedient. Schätzen Sie edlen Purismus, fühlen sich von zu viel Farbe unangenehm erschlagen und ziehen intensive Gespräche lauten Feiern vor, passen Sie gut zueinander.

Als selbstbewusste und aktive Frau mit genügend eigenen Interessen als Ausgleich ist dieser Typ ideal als Freund und Partner, wenn man selbst auch bereit ist, für

Klarheit in seinem Leben zu sorgen. Sonst wird es sehr anstrengend, dieser Anspruchshaltung zu entsprechen, da er es sich selbst abverlangt und für normal hält, was andere schon sehr fordert.

Unausgeglichen zieht dieser Typ sich zurück und wird sehr pingelig und hart.

Seine Unnahbarkeit wirkt dann arrogant, und seine wenigen klaren Worte klingen uncharmant, da er sich nicht die Mühe macht, Kritik nett zu vermitteln.

Sporttaschen-Typ: Freigeist, HELD

Element Holz

Dieser Typ liebt die Bewegung, seine Tatkraft und Selbstständigkeit, die er sich auf keinen Fall einschränken lässt. Freiraum wird großgeschrieben, und so liebt er auch Taschen, die ihm alle Möglichkeiten offenlassen.

Naturverbunden und multifunktional veranlagt, schlägt in ihm ein Abenteurerherz. Spontan kann er den Job oder das Land wechseln, wenn er Chancen wittert, die ihn weiterbringen. Diese Dynamik und das aktive Handeln machen diesen Mann sehr beweglich und lassen ihn nur mit genügend persönlichem Ausgleich sesshaft werden.

So sind diverse sportliche Aktivitäten fest in den Alltag integriert, und seine Projekte bieten meist eine Herausforderung statt Ruhe. Langeweile und Eintönigkeit sind ihm ein Gräuel. So werden die sportlichen Taschen auch eher verbraucht, und ein ständiger Wechsel der eigentlich robusten Modelle ist nötig.

Partnerschaft

Wenn Sie selbst ein Bewegungstyp sind, der ohne Sport nicht leben kann und die Natur liebt, passen Sie toll zusammen und werden so manchen Gipfel erklimmen.

Möchten Sie lieber gemütliche Abende auf dem Sofa verbringen und ein konventionelles Familienleben genießen, werden Sie diesen Typ nur schwer halten können, da er bei wenig privatem Freiraum sehr schnell unausgeglichen wird.

Denken Sie, es wird später noch anders, und überwinden sich zu allen seinen Aktivitäten, werden Sie zwar einige Male über Ihren Schatten springen und so wachsen, aber aus einem Tiger machen Sie auf Dauer keinen Schmuseteddy.

Unausgeglichen wird dieser Typ zum Workaholik und bei Frust zum Choleriker. Er kann, wenn etwas nicht nach seinem Kopf geht, schon mal richtig aus der Haut fahren und kommt mit Kritik und Fehlschlägen nicht gut klar.

Schultertaschen-Typ: Partner

Element Erde

Dieser Typ will zuverlässig seine wichtigsten Dinge bei sich tragen und liebt genügend Stauraum für alles, was er braucht. Mit der Tasche, bequem mit dem großen Schultergurt, werden auch mal schwere Füllungen getragen. Er ist sehr praktisch veranlagt und mag es gern gemütlich und gesellig.

Sozial und hilfsbereit, wie er ist, hat er Dinge in der Tasche, mit denen er auch anderen Menschen helfen oder sie unterstützen kann. Dieser Typ hat die Basis für Partnerschaft und Familie, da er eine Grundlast nicht als Belastung, sondern als Bereicherung empfindet. Oftmals hat er auch einen Shopper für zusätzliche Einkäufe parat, da man so sicher und komfortabel alles nach Hause schafft, denn immer neue Plastiktüten sind für ihn unnötige Umweltbelastung.

Durch sein Sicherheitsbewusstsein ist er sehr vorausschauend. Gern will er auf verschiedene Situationen vorbereitet sein, so ist auch sein Tascheninhalt häufig nicht nur auf seine eigenen Bedürfnisse ausgelegt.

Partnerschaft

Sehnen Sie sich nach einer dauerhaften Freundschaft oder Partnerschaft, ist dieser Typ ideal. Sind Sie gern in Gesellschaft und können auch 24 Stunden am Tag Menschen um sich herum haben, haben keine Schwierigkeiten, Nähe zuzulassen, dann haben Sie hier jemanden gefunden, der dies auch liebt und lieber mit vielen Menschen Kompromisse eingeht, als allein sein Ding zu machen.

Er ist der ideale Partner für Familienplanung, da er sich ein Leben ohne Familie kaum vorstellen kann und auch in schweren Zeiten einen festen Halt bietet. Vertrauen wird großgeschrieben und bildet die Basis dieses Typs, wird es enttäuscht, wird man ihn verlieren. Grundsätzlich ist er aber nicht nur für Sie, sondern auch für alle seine Freunde und besonders für die Familie da.

Suchen Sie ein Liebesfeuerwerk oder eine Gefühlsachterbahn, dann sind Sie hier falsch. Dies können Sie jedoch selbst in sein Leben bringen und es so bereichern. Es ist ein eher beschauliches, ruhiges Leben, mit viel Liebe und Freude, das dieser Typ in gewissen Varianten bietet.

Unausgeglichen wird dieser Typ zur trägen Couch-Potato und zum Psychomülleimer seiner Umwelt, da er sich mehr um die Belange seiner Mitmenschen kümmert als um sich selbst. Er neigt dann verstärkt zum Helfersyndrom und lässt sich durch seine soziale Ader leicht ausnutzen.

Schultertaschen-/Messenger-Varianten

Metall – *klein und edel, mit Innenstruktur = Purist*

Erde – *schwer und robust, mit Fächern = Partner*

Holz – *modern und leicht, multifunktional = Abenteurer*

Feuer – *ausgefallen und luxuriös = Liebhaber*

Wasser – *Texte und Muster, ohne Innenstruktur = Künstler*

Handtaschentyp: moderner Mann, Trendsetter

Element Feuer

Dieser Typ ist modern und trägt genauso gern Handtaschen wie wir Frauen, doch meist nur auf eine männliche Art. Er hat alles dabei, um gepflegt und gut vorbereitet zu sein. Er hat erkannt, dass verschiedene Taschen für Beruf, Freizeit, Sport und Reisen ihre jeweiligen Vorzüge besitzen, und rundet so sein gesamtes Erscheinungsbild ab.

Es macht ihm Freude, optimal und modisch passend ausgestattet zu sein, Labels sind ihm sehr wichtig, und er genießt die Außenwirkung, die er mit seinem Erscheinen erzielt. Dies ist ein Mann, der genießen kann und sich an der Fülle des Lebens erfreut, ohne ein schlechtes Gewissen zu haben, und selbstbewusst seine Chancen nutzt.

Der Feuer-Typ steht für Leidenschaft und Begeisterung, doch wie es bei einem Strohfeuer hoch hinauslodert, so fällt diese Flamme meist sehr schnell zusammen. Dieses Feuer dauerhaft am Brennen oder wenigstens am Schwelen zu halten ist eine ständige Herausforderung. Kurze Affären und heiße Nächte sind garantiert, denn feiern kann und mag dieser Typ besonders gern.

Diese Leichtigkeit und Freude am Leben ist ansteckend und macht Spaß. Doch es muss immer wieder ein neuer Kick her, sodass die Suche nach dem Neuen die Wertschätzung dessen, was man hat, vermissen lässt.

Konsum ist für ihn etwas Positives, und er gönnt sich und anderen gern etwas Neues. So macht das Einkaufen richtig Freude, und das neue Lieblingsstück wird gefeiert bis zur nächsten Sensation. Dagegen werden Pflichteinkäufe notgedrungen erledigt und gehen eigentlich nur, wenn sie wirklich sein müssen oder mit dem Vergnügen verknüpft werden können.

Gerade junge Menschen zwischen 17 bis 25 Jahren sind in dem Lebensabschnitt des Elements Feuer, Männer meist sogar noch etwas länger, bis sie in den Lebensabschnitt des Elements Erde übergehen, der sie dann ruhiger und zielstrebiger werden lässt.

Das Feuer-Element ist ein Meister darin, Geschäftliches mit Privatem zu verbinden. Und durch sein visionäres

Potenzial schafft er Außergewöhnliches, denn das bisschen »Extra« braucht dieser Typ und bringt es so auch in unser Leben.

Partnerschaft

Lieben Sie also Partys und Extravaganz und wollen Spaß, werden Sie das bei ihm finden. Für Familie und ruhige Abende zu Hause im Jogginganzug wäre dies in jungen Jahren nicht der zu empfehlende Partner.

Die Vorliebe, ungeschminkt und mit flachen Schuhen die Freizeit in Ruhe mit einem Buch zu genießen, wäre ungünstig, nur mit Bodypainting loszugehen oder voll bekleidet in den Pool zu springen, dagegen schon passender.

Unausgeglichen wird dieser Typ sehr oberflächlich und abgehoben. Auf der Suche nach dem Gefühl der Liebe und der Begeisterung für das Leben kann er auch Süchten verfallen.

Taschen für den Mann

Kulturtaschen

Der moderne Waschbeutel ist ein angesagtes und nützliches Accessoire für Sport und Reisen und schafft auch im Alltag Ordnung im Bad.

Ein gepflegtes Aussehen fängt bei guter Pflege an, so hat der Mann heutzutage eine gut sortierte Kulturtasche, in der Feuchtigkeitscreme, Deo, Duschgel, Shampoo, Bürste/Kamm, Nagelfeile, Rasierer, Rasiergel, Aftershave, Duft etc. nicht fehlen dürfen. Das will alles gut verstaut sein, sodass viele Designer stylische Männer-Kulturtaschen inklusive passendem Inhalt auch in praktischen Reisegrößen anbieten.

Ein Blick auf die Kulturtasche sagt schon sehr viel über den Mann aus und zeigt uns, worauf wir uns einlassen:

- Wie ist der Zustand seiner Zahnbürste?
- Hat er mehr Cremes als ich?
- Kann ich die Tasche gut neben dem Waschbecken und meiner Tasche stehen haben oder möchte ich sie wegstellen?
- Ist es ein kunterbunter Haufen oder passt alles zusammen?

Der Kulturbeutel wirkt wie ein Blick durch ein Schlüsselloch in die Privatsphäre, eher noch Intimsphäre des Partners. Angenehm überraschend, eklig oder verbesserungsfähig, alles ist möglich, schauen Sie ruhig hin.

I. Kleine Taschen

Sind eher den Elementen **Feuer** und **Metall** zugehörig, den wesentlichen Unterschied bildet die Außenpräsenz, die für Feuer-Element-Typen wichtig ist, zu den Metall-Element-Typen, bei denen die Funktion und Qualität im Vordergrund steht.

Die **Micro-Taschen** am Gürtel oder in angelehnter Form eines Halfters bieten auch die Möglichkeit einer dezenten Unterbringung der wichtigsten Utensilien.

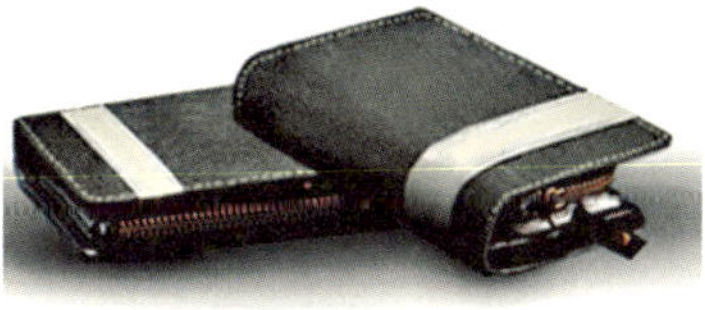

Zipbag
Element-Metall-Typ: Minimalist

Revolver-Taschen gibt es auch weniger dezent als Hüftvariante, die einen guten Zugriff bietet, mit der man aber auch gesehen werden will. Damit betonen die städtischen Cowboys ihren männlichen Standpunkt zum Thema Aufbewahrungs-/Transportmittel.

Element-Feuer-Typ: Trendsetter, Spaß an Mode

Handgelenk-Täschchen. Das als eher peinlich betrachtete Handgelenk-Täschchen aus den 70er-Jahren erfährt ein Update. Es wird durch knallige Farben und puristische Linien fast tragbar. Dieser Typ Mann mag auffallen und steht zu seinem Geschmack, bei ihm ist das Täschchen nur ein Detail im Gesamtkunstwerk.

Element-Feuer-Typ: modern, auffällig, unkonventionell, selbstbewusst

Bauchtasche/Gürteltasche. Diese kleinen Helferlein sind für Handys oder wichtige Dokumente geeignet und finden fast unsichtbar ihren Platz.

Element Erde: große Bauchtasche zusätzlich zum Gepäck:

Element Metall

Bodybags sind kleine bis mittelgroße Taschen, die sogar unter der Jacke getragen werden können oder sich sehr dezent neben der Schulter und unter dem Arm einfügen. Es ist Platz für die wesentlichen Sachen, und Jacken und Hosentaschen bleiben unbeschwert.

Element Feuer: stylisch, auch gern sichtbar getragen

Element Metall: minimalistisch, unsichtbar

2. Mittelgroße Taschen

Mittelgroße Taschen sind eher den Elementen **Erde** und **Wasser** zugeordnet.

Messenger-Taschen aus edlem Leder oder gar robusten LKW-Planen bieten eine breite Auswahl, dürfen aber eigentlich nur über die Schulter getragen werden, da sie sonst beim Gehen unschön auf der Hinterseite hin und her wippen.

Element Erde: gedeckte Farben, Leder, robust und langlebig, unscheinbar

Element Holz: sportliche Variante, Lkw-Plane mit Streifen oder Statements

Rucksäcke

Vom modernen Wanderrucksack für Städter bis zum Schulrucksack, das Modell wird wegen seiner Armfreiheit geliebt. Die gleichmäßige Verteilung des Gewichts auf dem Rücken behindert nicht.

Element-Holz-Typ: fester Rucksack mit vielen Fächern und Wettertauglichkeit

Element-Wasser-Typ: loser Beutel mit zwei Riemen – Sack

Seesack

Hier passt alles rein und wird bequem geschultert.

Element Wasser

Shopper. Diese Grundtasche, die zusammengefaltet als Leinenbeutel überall hinpasst, wird ein immer beliebteres Transportmittel. Den Shopper gibt es in den unterschiedlichsten Materialien, und er wird immer mehr zum Träger von Botschaften und Kunst. Selbst Edeldesigner pimpen den Shopper, sodass die Auswahl in allen Segmenten und Preisklassen riesig geworden ist. Markige Männersprüche oder selbst bedruckte Varianten lassen auch Männer lässig einen Shopper nutzen.

3. Kompakte Taschen

Feste und sichere Taschen sind eher den Elementen **Erde** und **Metall** zugeordnet.

Pilotenkoffer. Ein beliebtes Transportmittel für Dokumente und Utensilien ist der sehr männliche Pilotenkoffer. Ihn gibt es jetzt auch in verschiedenen Farben und modernen Details. Er wirkt wie ein Weekender in der Business-Variante, gut sortiert und männlich.

Aktentaschen

Sie werden für den seriösen und klassischen Auftritt immer ihre Liebhaber behalten.

Dokumente werden durch Zahlenschloss sicher verwahrt und knickfrei gelagert. Dieses traditionelle Transportmittel bietet allem, was man darin verwahrt, Schutz.

Dieser Taschen-Typ ist eher nicht sehr spontan, abenteuerlustig, risikofreudig oder romantisch veranlagt.

Element-Metall-Typ: Edelvariante: genau, pünktlich, intellektuell, strukturiert, qualitätsbewusst, ordentlich, kühl, zielstrebig, introvertiert

Element-Erde-Typ: Standardvariante: verantwortungsbewusst, zuverlässig, traditionell, harmonisch, hilfsbereit

Laptoptaschen

Mit variablen Tragemöglichkeiten und guten Polsterungen für den Laptop, sind sie in der heutigen Zeit weit verbreitet. Der Einsatz vom Beruf bis zum Privaten ist fließend und unterstützt Selbstständige und Kreative.

Element-Holz-Typ: spontan, beweglich, kreativ, dynamisch, sportlich, abenteuerlustig, freiheitsliebend, multifunktional

Element-Erde-Typ: Standardvariante: verantwortungsbewusst, zuverlässig, traditionell, harmonisch, hilfsbereit

Element Metall-Typ: Edelvariante: genau, pünktlich, intellektuell, strukturiert, qualitätsbewusst, ordentlich, kühl, zielstrebig, introvertiert

4. Große Taschen

Große Taschen sind eher den Elementen **Holz** und **Erde** zuzuordnen.

Weekender sind die etwas kleinere, meist schickere Variante der Sporttaschen. Viele Nobel-Labels wie Louis Vuitton, Prada, Gucci und Etro bieten dafür sehr exklusive Modelle an. Puristen sind zum Beispiel bei Designern wie Armani und Joop besser aufgehoben.

Einige Männer tragen die trendigen Weekender gern mit kurzen Henkeln, da diese beim Gehen eine Grundspannung im Körper auslösen, wenn die Tasche beim Gehen nicht gegen die Beine pendeln soll. Gleichzeitig werden die Armmuskeln durch das Gewicht betont, und dabei wird eine attraktive aufrechte Haltung unterstützt. Dies zieht zwar die Blicke von Männern und Frauen auf sich, ist aber auf Dauer anstrengend, sodass man häufig die Trageseite wechseln muss. Für kurze Strecken und Autofahrten sind sie aber sehr gut geeignet und edel.

Element Feuer: liebt Labels, Außenpräsenz, anspruchsvoll, geht mit der Mode, hat Spaß an schönen Taschen, ausgefallenen Modellen und Farben

Element Erde: braun, gedeckte Farbe, eher traditionell, robust, durch ständigen Platzbedarf sinnvoll

Element Metall: puristisch, klare Linien, sicher, durch Funktion nötig, unauffällig

Sporttaschen

Kleine Sporttaschen wirken immer männlich und sind mit den Sportlabels großzügig plakatiert, dadurch werden sie wieder uniform und fallen im Alltag nicht auf.

Große Sporttaschen, die für den täglichen Gebrauch und gleichzeitig für die Urlaubsreise genutzt werden können, sind immer beliebt und geben optimale Freiheit. So kann man auch spontan übers Wochenende bleiben.

Große Schultergurte erleichtern das Tragen. Sie machen flexibel, bieten aber oft keine gute Struktur. Häufig sammeln sich Dinge an, die nicht mehr aktuell sind, oder gar Müll.

Element-Wasser-Typ: beutelige, weiche Sporttaschen, die je nach Inhalt zusammenfallen

Element-Erde-Typ: klassische Sporttasche mit einigen Seitenfächern, fest und strapazierfähig, dezent

Element-Holz-Typ: große Sporttasche, modern, aus Hightech-Material.

Welchen Elemente-Typ Mann suchen Sie?

(Kurzform)

Holz – Abenteurer: tatkräftig, sehr sportlich, spontan, die Natur liebend, kreativ, selbstständig, Handeln

Erde – Partner fürs Leben: zuverlässig, sozial, kinderfreundlich, familiär, ruhig, gemütlich, traditionell, Bedenken

Metall – Manager: gut situiert, klar, kühl, intellektuell, strukturiert, ausgleichender Pol, Entscheiden

Wasser – Künstler: fantasievoll, unkonventionell, flexibel, Kommunikator, Lebenskünstler

Feuer – Playboy: viel feiern, lieben, hohe Außenpräsenz, Extravaganz, Leichtfüßigkeit, Genießen

Bezugsquellen empfohlener Taschen

- *www.chichifan.de*
- *www.dietasche.de*
- *www.Glückskeks-Tasche.de*
- *www.Handyhood.com*
- *www.stefhauser.de*
- *www.Zippbag.de*
- *www.Handtaschen-Fengshui.de*
- *www.Ollin.de*

Über die Autorin

Susanne von Byern, Hamburgerin, verheiratet, Mutter von zwei Söhnen.

Taschenliebhaberin.

Seit über 10 Jahren als Feng-Shui-Beraterin und Visions-Coach tätig.

Wie im Kleinen, so im Großen,
wie im Innen, so im Außen.

Buddhistische Weisheit

»Ich habe meine Berufung in der Zusammenführung von Raumdesign mit persönlicher Vision und ganzheitlichen Konzepten gefunden. Den individuellen Ausdruck der Kunden in Räumen widerzuspiegeln und das volle Potenzial der Gegebenheiten zu nutzen, zu beleben und zu aktivieren macht mir Freude. Kreativität mit vielschichtigem Gehalt zu leben und in Resonanz mit Menschen zu stehen erfüllt mich.«

Susanne von Byern

Feng-Shui-Beraterin
Psychoenergetische Feng-Shui-Beraterin
Visions-Coach
Designerin für ganzheitliche Licht- und Raumobjekte

Susanne von Byern
Schmüserstr. 19
22041 Hamburg
Tel.: 040 – 39 87 91 88

Allegria

Lebenshilfe kompakt

RENATO MIHALIC
Das Geheimnis der Mujas
Meditationen für ein neues Bewusstsein
160 Seiten
€ [D] 8,99 / € [A] 9,30
sFr 12,50
ISBN 978-3-548-74549-7

Die altägyptischen Mujas sind spezielle Kombinationen von Finger- und Handstellungen sowie Akupressurpunkten, die verschiedene energetische Systeme miteinander verbinden. Sehr leicht und überall sofort anwendbar, verhelfen diese Werkzeuge dem Menschen zu mehr Klarheit und Wohlsein. Darüber hinaus unterstützen sie ihn, sich feiner auf sich selbst auszurichten, sich dem »Jetzt-Augenblick« hinzugeben und neue Lösungen zu finden.